Dentro del aire de vidrio

Citlaly Aguilar

Dentro del aire de vidrio
© Citlaly Aguilar

Portada:
© Pablo Granados

Corrección de estilo, maquetación y diseño:
Mikhail Carbajal

Funámbulo Editores

Este trabajo obtuvo una Mención Honorífica en la categoría de ensayo del Premio Nacional Dolores Castro 2021.

Para mamá y Alan.

Y también para quienes, pese al miedo, perseveran.

Con una vez, un día

He hecho algo contra el miedo.
He permanecido sentado durante toda la noche
y he escrito.

Rainer Maria Rilke

Desde que empecé a escribir literatura, es decir, desde los nueve años, supe que el gran tema del que quería hablar era sobre el amor romántico. En ese tiempo escribía mis fantasías al respecto, porque no tenía idea de qué era más allá de lo que veía en películas o leía en libros, de hecho quería crecer y descubrirlo.

Con el paso del tiempo he descubierto el amor de diferentes formas, y particularmente el romántico, que era el único que realmente anhelaba conocer, se ha presentado en mi vida más como una frustración y un dolor que como el goce que creí que sería. He tenido pésima suerte, o he tomado pésimas decisiones. Debo aceptar que, en realidad, el gran tema en mi vida realmente ha sido el fracaso.

Algo que me parece curioso de esto es que cada que he tenido una decepción amorosa, mis familiares y amigos suelen decirme: “tú dedícate a escribir”, la cual resulta una frase motivacional peculiar. “Tú dedícate a escribir y si luego encuentras a alguien estará bien, si no al menos habrás hecho algo para ti en tu vida”, fue lo que me dijo mi mamá la última vez. Me gusta ese consejo, aunque en el fondo siento que su eco es: “muchacha, eres un fiasco en el amor, mejor ponte a escribir y olvídate del resto”.

La gente me dice: “tú eres buena para escribir, ya entrégate solo a eso” y yo pienso que quizás es cierto, y aunque tampoco es que yo sea el epítome de la escritura, me consuela pensar que al menos tengo esto.

Así que cuando el mundo parece desmoronarse, pienso: “tengo que escribir”. Enciendo la computadora y aunque a veces siento —y digo *siento* porque yo no puedo escribir sobre algo que no me apasiona— que no tengo nada de qué escribir, comienzo a redactar una línea y luego otra.

Cuando veo que he escrito ya algunas cuartillas me doy cuenta de que lo que escribo del fracaso es retórico, porque en realidad nadie que tenga algún consuelo puede haber fracasado del todo en nada, ¿no?

Este libro comenzó así, como una serie de apuntes que hice en días en los que me sentía muy triste y muy frustrada porque me propuse aprender a nadar y, lejos de lograrlo, cada vez fracasé más, cada vez de una manera diferente. Sumado a esto, en esa época también tenía el corazón roto; así que luego descubrí las coincidencias que estos dos procesos tenían con otras cosas. De esa manera, la escritura se convirtió en mi salvavidas emocional y también en el agua; he aprendido a redactarme entre el líquido cristalino con todo mi cuerpo.

Alguna vez un amigo me dijo que tal vez yo nunca iba a ser la escritora reconocida que quiero ser, pero que podría llegar a ser la maestra o la editora de otros, porque he sido una buena maestra y editora de otros. No obstante, aunque me gusta enseñar acerca de literatura y corregir textos, para mí escribir es más que un gusto, es algo que hago porque necesito hacerlo. Como dice Paul Auster: "no es que escribir me produzca un gran placer, pero es mucho peor si no lo hago".

Una vez, mientras mi hermano estaba intentando ayudarme en los ejercicios para aprender a nadar le dije que los otros, con quienes empecé desde el primer día, ya lo hacían muy bien y que me sentía mal por yo no lograrlo. Él me dijo que no me preocupara por eso, que me enfocara en mí, porque: —y puso su dedo índice muy erguido, como decretando una ley inquebrantable— "con una sola vez que te salga esto bien los alcanzarás. Sólo necesitas una vez, un día". Me reconfortó mucho escuchar eso.

Como en la escritura tampoco he tenido realmente éxito, puesto que he aplicado a premios, becas y convocatorias y rara vez consigo algo, meses después de mis intentos en la alberca, mi mamá también me recomendó que siguiera escribiendo y que en cuanto me publicaran algo o ganara algún premio iban a desatarse los demás y empezaría a ganar y publicar todo lo que he escrito. "Con una vez, un día".

Esos días han llegado parcialmente. No ha resultado al pie de la letra la sentencia de mi hermano pues, aunque logro algunas cosas, no se da por arte de magia todo lo demás, sino que he tenido que seguir trabajando con esmero siempre. Y no es que esté mal, sino que siempre se esperan actos mágicos.

Nunca nadie me ha dicho que llegará un día en el que encontraré a alguien con quien tendré el amor romántico que quería conocer cuando era niña, del que quería que hablaran mis libros, pero ahora deseo que no sea así. Creo que el amor es un proceso que se va construyendo día a día, como lección con lección en la alberca, como letra con letra en la escritura.

Haruki Murakami y Hunter S. Thompson han escrito acerca de correr; el primero desde la experiencia propia, con una reflexión introspectiva en la que compara esta actividad con el oficio de escribir en *De qué hablo cuando hablo de correr*; el segundo desde la perspectiva del espectador que ve pasar a los maratonistas como una manada de idiotas en *La gran caza del tiburón blanco* y *La maldición de Lono.*

Hay muchos más que hablan sobre deportes, como Richard Ford, que tiene un gran ensayo sobre el box y la violencia con la que ha vivido a lo largo de su vida en el ensayo "En la cara"; o David Foster Wallace que habla de un extraño poder sobrenatural que tuvo en el tenis durante la adolescencia, en *El tenis como experiencia religiosa.* En México, el ensayo deportivo más destacado quizá sea el de Juan Villoro, *Dios es redondo*, sobre el fútbol, aunque él no lo hace en primera persona, sino como aficionado.

Ciertamente me gusta mucho más la manera en que Murakami escribe acerca de correr y sé que en alguna medida estoy tratando de hacer algo similar en este ensayo. No obstante, dado que no soy ninguna maratonista acuática, termino siendo más un bufón mojado del que S. Thomson se burlaría. Este ensayo no es la versión de quien consigue llegar a la meta entre aplausos, sino la del perdedor que sale del agua con la cabeza baja.

●

Virginia Woolf en *Las olas* tiene cientos de formas de describir el mar y en todas es un goce la sola imagen de este; pareciera haber una relación natural entre la escritura, la mujer y el agua. Una de mis descripciones favoritas en esta novela aparece en las primeras páginas: "Al aproximarse a la orilla, cada una de ellas adquiría forma, se hinchaba y se rompía dejando sobre la arena un delgado velo de espuma blanca. La ola se detenía para alzarse enseguida nuevamente, suspirando como una criatura dormida cuya respiración va y viene inconscientemente". El agua está en libertad y, aunque de manera ominosa, es algo que tiene vida y que pareciera calmar a quien la ve o escucha. Quizá Woolf fue hechizada por ella, por sus sonidos y sus expresiones; quizá le aconsejó meterse piedras pesadas en el abrigo y entrar en el río.

Amélie Nothomb en *Metafísica de los tubos* habla de una niña cuyo superpoder es nadar y, sin embargo, solo en el agua es en el medio en el que estuvo a punto de perder la vida un par de veces. Svetlana Alexievich en *La guerra no tiene rostro de mujer* entrevista a una mujer que confiesa que, durante su participación en la Segunda Guerra Mundial, antes de un combate, las mujeres que iban con ella llegaron a un río y ahí no les importó exponerse al enemigo, solo querían lavarse y se entregaron al agua; querían estar limpias. Muchas fueron asesinadas ahí por los nazis. En *Las cosas que perdimos en el fuego*, Mariana Enríquez narra un río en el que quienes se ahogan vuelven luego, como poseídos por un espectro que se aloja en el fondo del líquido.

Las mujeres suelen escribir de su relación con el agua y, aunque en muchas ocasiones esta parece amigable, la verdad es que siempre es como un monstruo dormido que al menor murmullo despierta y mata. ¿Con esta tradición de aguas cómo no temerle, cómo meterse entre sus miles de cabellos invisibles sin desconfianza?

Qué decir de los monstruos marítimos que habitan muchas de las páginas literarias más icónicas del mundo, como el kraken que aparece en las sagas y crónicas nórdicas medievales, aludido como un terrorífico monstruo marino del tamaño de una isla, que se mueve por los mares entre Noruega e Islandia. Recordemos que incluso las sirenas en la *Odisea* homérica eran de temer. O el Leviatán que aparece en la *Biblia*, en el "Libro de Job": "Pon tu mano sobre él / te acordarás de la batalla, y nunca más volverás. / He aquí que la esperanza acerca de él será burlada, / porque aun a su sola vista se desmayarán. / Nadie hay tan osado que lo despierte", se advierte.

Y uno de los peores de todos, sin duda, es el inenarrable Cthulhu, del que H. P. Lovecraft indica que "tuvo que haber sido atrapado por los abismos submarinos pues si no el mundo gritaría ahora de horror".

⬥

En realidad este ensayo no es sobre nadar, es sobre el aprendizaje; es acerca de que la alberca no es solo una alberca, sino un inmenso vórtice y, por eso, aún después de asistir a clases durante cuatro meses, no lograba verla fijamente.

Le tengo fobia al agua. El miedo solía estar en mi estómago como un nudo grande y fuerte que no se deshacía aunque intentara alisarlo con las manos. El agua a la altura de los hombros era la desolación, la angustia, el silencio y el eterno abismo. Me parecía sentir la muerte tocándome con su brazo más blando. Las piernas me temblaban, las caderas y la espalda me dolían por la tensión. Era Cthulhu con su hocico babeante tratando de succionar todo en mí.

Le temo al agua aun sin estar en ella. Muchas veces desperté en las madrugadas sintiendo que me ahogaba en lo más hondo de la cama. Muchas veces me pregunté si era necesario pasar por eso, si no sería más fácil no volver a acercarme a una alberca. Sé que puedo rendirme y muchas veces lo he hecho; me he dicho "yo no sirvo para esto, es muy difícil". Pero luego regreso de la mano de mi miedo humillada a intentarlo de nuevo. No suelto ese miedo, quizá lo quiero más de lo que quiero nadar, tal vez lo quiero más de lo que le temo.

Ha habido días muy malos y otros menos malos, pero siempre malos. Aún no ha sucedido el momento en que me sienta victoriosa y he llegado a creer que eso no ocurrirá porque es un deporte que nunca se me dará. Sin embargo, como ya dije, este ensayo no es sobre lograr nadar. Es acerca de vivir con el miedo, de cada día luchar por vencerlo. Más allá de aprender a nadar, he aprendido a convivir con el pánico, el horror, el terror al agua, y también, hasta ahora, aprendí que está bien tenerlo, que por algo está ahí.

Sentir ese miedo todos los días tiene sus ventajas, por ejemplo, cada día me tembló un músculo nuevo y así descubrí partes del cuerpo que no era consciente de que existían, fue como si de repente despertara desde todas mis orillas.

Más allá del agua y de las albercas, pienso en todos los miedos, los que a diario sentimos. A la soledad, la tristeza, el dolor, la muerte, las pérdidas... Están también ahí acechando, pero quizá no los percibimos diario porque no dependen de un volumen cúbico; no obstante, estos también nos paralizan o nos impulsan a actuar de determinadas maneras. Por eso creo que está bien que yo tenga este miedo tan cerca, que lo puedo tocar y admirar en toda su horripilancia, porque en algún momento encontraré su debilidad y lo derrotaré sin titubeos. Nos estamos vigilando mutuamente.

Inicié con las clases de natación los primeros días del año 2019. No era un propósito ni nada por el estilo, simplemente que las cosas así se dieron. Yo acababa de volver a vivir con mis padres después de una serie de desastrosas circunstancias. Mi hermano me regaló el traje de baño en Navidad, quizá pensando en que ese tipo de ejercicio me ayudaría a sobrellevar el cambio. Y ya no hubo marcha atrás.

Yo sabía que tenía miedo al agua, pero no qué tan fuerte era, y el hecho de que nunca me mojaba siquiera la cabeza en los balnearios no me daba una idea aproximada de lo grande que era mi problema.

En general, la gente que vive en Zacatecas no tiene mucha relación con el agua. Zacatecas es una zona semidesértica, hay pocos balnearios y no son muy frecuentados porque quedan lejos de la zona metropolitana y porque también es un territorio de climas templados, además, hasta hace poco solo había dos albercas públicas. Ahora son cuatro pequeños oasis azules entre los paisajes amarillentos y resecos de esta zona, entre diversidad de cactus y rocas. Yo voy a la segunda más reciente, la única que hay en el municipio de Guadalupe. Se encuentra sobre una colina, entre otras colinas, así que cuando hace frío es realmente muy fría y es un martirio en febrero, cuando los vientos gélidos nos empujan a entrar. La mayor afluencia en este lugar es entre marzo y agosto, que es la temporada de calor; los otros meses somos muy pocos los asistentes.

Empecé yendo desde enero solamente los sábados de ocho a nueve de la mañana. A partir de marzo comencé clases de lunes a viernes de siete a ocho también del turno matutino. En la primera clase me pusieron justamente a meter la cara en el agua. Yo empecé por la nariz y el instructor insistía: "más abajo, más abajo". Obedecí, pero sin poder abrir los ojos a pesar de que llevaba puestos los goggles. Poco a poco pude abrir los ojos y mantener la cabeza bajo el agua aguantando la respiración. Una fuerza extraña jalaba todo mi cuerpo hacia arriba, pero yo luchaba por mantener los pies en el suelo. En verdad era una fuerza extraña, más allá de la gravedad, de uno mismo. Realmente fue cuando me di cuenta de que hay cosas en el mundo que sobrepasan los límites de lo normal.

El siguiente ejercicio consistía en dejar que el cuerpo se elevara, liberarlo de esa lucha por anclarlo en el piso. Cuando lo hice supe que algo en mí había estado dormido toda la vida, que apenas estaba descubriendo algo que antes siempre me fue restringido. La sensación era nueva y en ese sentido comenzó a parecerme agradable. Sentí que lentamente un velo caía de mi mente dejándome ver lo desconocido. ¿No es así como se siente siempre la primera vez de algo?

El problema vino en seguida, cuando el instructor me pidió flotar sostenida únicamente de un flotador *gusan*o, que es alargado y muy delgado, por lo tanto, muy movedizo. La misión era esta: tenía que flotar con el cuerpo casi encima del agua y después de un par de segundos jalar las piernas hacia el pecho y luego los pies hacia el suelo con fuerza mientras que los brazos se abrirían hacia los lados y hacia abajo. Así que al bajar los brazos perdí el control de mi cuerpo, me desbalancee y no podía levantarme; se me metió mucha agua por la nariz y también la tragué… creí que me ahogaría.

Debido a esto, en mi mente se detonó un violento miedo al recordar aquella vez que, en la adolescencia, fui con mis amigos de la secundaria a un balneario y, mientras todos jugaban adentro de la alberca, yo estaba leyendo afuera —debí entender desde entonces que la literatura sería la catalizadora de ese tipo de eventos en mi vida—, por lo que, quizá mi actitud les pareció chocante a unos chicos que yo apenas conocía, quienes me tomaron de brazos y piernas y me arrojaron al agua… Fueron minutos o segundos de profunda angustia, el tiempo en esas circunstancias es un resorte que se expande y contrae simultáneamente; no podía tocar el piso con los pies y desesperadamente trataba de agarrarme de algo, pero no había nada. Mi cuerpo no flotaba, por el contrario, se hundía mientras mis manos y pies luchaban con angustia. Tenía los ojos cerrados. Sentí que pasaron horas y que inevitablemente me iba a morir. Ha sido una de las sensaciones de mayor horror que he experimentado. Fue como ver directamente a los indescriptibles e inenarrables ojos de Cthulhu, como sentir sus tentáculos sobre mi cuerpo jalándome hacia el fondo de su boca...

Alguien se metió por mí a la alberca y me sacó de ahí. Recuerdo que en seguida comenzó a dolerme la cabeza y tuve náuseas. Me quedé solo un momento más sentada por ahí y luego me fui a mi casa. Afortunadamente, pese a lo precipitado de todo, logré salvar mi libro del chapuzón. Creí que ya había olvidado eso, que ya no estaba tan presente en mi mente. Y la verdad es que el recuerdo como tal no es tan nítido, pero sí la sensación de ahogo, y despertó con ferocidad cuando hice el ejercicio con el *gusano*.

Creo que las emociones y sensaciones tienen su propia memoria. A veces nada más hace falta tocar un pequeño interruptor en algún músculo o en algún recuerdo y todo se enciende.

Unos años atrás, mientras estaba en terapia, le narré a la psicóloga un recuerdo sobre alguien que me había lastimado verbalmente. Ella me preguntó si aún me dolía al recordar y le respondí que sí. Me preguntó dónde, y la verdad es que cuando se piensa en esas cosas se suele hacer de manera abstracta, así que intenté ubicarlo en una parte concreta de mi cuerpo y, quizá porque se acostumbra a creer que las heridas emocionales están en el corazón, dije que me dolía ahí, en el pecho. Para mi psicóloga no funcionan las metáforas, así que me pidió que tocara exactamente el punto que me había dolido aquella vez. Cuando lo hice, ella puso su dedo en ese exacto lugar y presionó con fuerza. Me sorprendió eso, porque no sabía que los psicólogos tuvieran permitido tocar al paciente. Ella pidió que no habláramos de lo sucedido hasta la siguiente sesión. Salí de ahí un poco espantada, pero no dije nada. Durante esa semana me dolió mucho donde ella hizo presión, pero eso no era lo que me molestaba, no era el dolor en sí ni la acción de la doctora, sino el recordar que ese dolor significaba aquel recuerdo; me molestaba que al sentir el dolor tenía que convivir con ese recuerdo todo el día. Fue una semana muy difícil porque me parecía que estaba cargando con la situación del pasado otra vez, que la estaba re-viviendo, pese a que durante años me esmeré en enterrarla. Cuando creí que aquella situación estaba muy lejos de mí, de repente no, ahí estaba otra vez en el músculo. En la siguiente sesión la psicóloga me aclaró que también es terapeuta y reflexionamos sobre el despertar de aquel dolor, cual monstruo acuático mitológico.

De la misma manera se encendió el pánico al ahogamiento cuando no supe controlar el flotador ni mis brazos ni mi cuerpo en la primera clase en la alberca. Salí del agua porque la clase había terminado, pero durante toda la semana estuve reviviendo esa sensación en mi cabeza y en el cuerpo, así que mental y emocionalmente me quedé sumergida. Cuando me acostaba sobre la cama empezaba a sentir que estaba flotando y en seguida venía el vértigo y creía caer y caer sin poder agarrarme de nada, sin poder pararme ni parar la caída interminable y me torcía de miedo en el colchón.

Empecé a tener problemas para dormir, pues de la nada, mientras estaba quedándome dormida, el vértigo llegaba y me despertaba con un estremecimiento. Cuando finalmente lograba conciliar el sueño solía despertar en la madrugada ansiosa, preocupada. Los viernes por la noche eran los peores, puesto que sabía que la mañana del sábado tenía que ir a la clase. Recuerdo que la noche anterior a la tercera clase me puse a llorar de angustia porque ya no quería volver al agua. Era como regresar al kínder, pues yo era de esas niñas que lloraban en la puerta. Me sentía vulnerable, quería agarrarme de las piernas de mi mamá y rogar: "no quiero, por favor no me hagas hacerlo, por favor métete al agua conmigo, no me dejes sola que tengo mucho miedo". Era una niña otra vez y sentía que no podía hacerlo por mí misma. En la alberca estaba sola, estábamos yo y el miedo peleando a muerte y el miedo siempre ganaba.

●

Se puede temer a muchas cosas y ser consciente de ello, por ejemplo, a las arañas, no obstante, cuando sabemos que nos dan miedo estos insectos, los evadimos lo más posible, y si vemos uno huimos y pedimos a alguien más que se haga cargo de mantenernos a salvo de esas ocho patitas. Lo que no es tan común es tener un miedo conscientemente y enfrentarnos a él todos los días durante una hora.

Antes de lidiar esta batalla diaria, lo más complicado es reconocer este miedo, porque se va por la vida tratando de evitar esta emoción. Nos han enseñado a huirle, a no enfrentarla o hacerlo de manera parcial.

Volvamos a lo de las arañas: quizá nos dan mucho horror, por lo que en cuanto vemos una la primera reacción es alejarnos y buscar ayuda; sabemos que ese pánico sigue ahí, que nos molesta, que lo estamos afrontando al ver el arácnido parado sobre la pared; somos conscientes de ese miedo y creemos que lo combatimos al sentirlo, no obstante, en realidad no lo estamos combatiendo. Afrontarlo sería tomar con cuidado la araña entre las manos y llevarla al jardín o algún lugar en el que ambos estemos a salvo del otro. Lo interesante vendría en ese momento en el que la araña se posa sobre nuestra mano y sentimos el escalofrío recorriendo nuestra espina dorsal: el estómago paralizado, las mejillas tiesas y los ojos saliendo de las órbitas…

●

Cuando llevaba apenas unas semanas de iniciar las clases de natación sabatinas, una amiga que ya lleva mucho tiempo nadando me dijo que a ella también le daba mucho miedo el agua en las primeras lecciones, pero que fueron más fuertes sus ganas de aprender. Yo no había sentido eso. En realidad, para mí era más fuerte el miedo. Llegué a sentir que quería más a mi miedo que aprender a nadar. Cuando pensaba en estar sola en el agua, sin nada de qué apoyarme, me paralizaba y prefería pensar en que nunca lo lograría, que así estaba bien, que quizá a lo más que podía aspirar era a convivir con el agua sin tanto pánico, pero que nunca podría nadar sola, sin ningún flotador. Me quería resignar a eso.

Duré tres meses yendo cada sábado y luego me tomó dos meses de lunes a viernes, es decir, cinco meses, solo dejar de tener un miedo extremo. Lo de aprender a nadar en realidad es relativamente fácil. La verdadera tarea para mí fue sacarme ese miedo que creía invencible.

Después de mes y medio de ir diario a la alberca, un día sentí que había algo diferente, pero no lograba entender qué. Luego de un rato de estar haciendo ejercicios me di cuenta de que la diferencia era que ya no temblaba. Desde que inicié, inevitablemente, cada día me temblaba el cuerpo, tenía el estómago hecho un nudo y la espalda baja tensa;

siempre salía de la alberca agotada, porque estas son sensaciones que cansan. De repente, un día mi cuerpo se acostumbró a estar en el agua sin sentir pavor. Me acostumbré. A partir de ese momento fue un poco más fácil hacer cualquier ejercicio y, sobre todo, flotar.

El miedo a la sensación de flotar aún estaba ahí, pero era mucho más controlable. Me arrojaba sobre el agua con el flotador y cuando venía el pánico por la elevación podía controlarlo y controlarme diciéndome que todo estaba bien, que yo podía con eso. Esto lo logré gracias a la práctica diaria y a la disciplina. Una vez que pasó esa etapa supe que estaba cerca de dar el verdadero paso.

●

Una vez, mi instructor me llevó a la parte honda de la alberca, donde mis pies no pueden tocar fondo y, por lo tanto, hay verdadero peligro de ahogamiento. Ahí, temblando, yo no podía hacer nada. Él me tomó de las manos y me ayudó a hacer algunos ejercicios, me pidió que me sumergiera con los ojos cerrados, me aseguró que no me soltaría. Mi miedo y desconfianza eran dos gigantes que me estrujaban. "Míreme a los ojos y júreme que no me soltará", le pedí con los goggles sobre mi cabeza y los ojos llorosos. El instructor puso en su cara el gesto más serio que tenía, me lo juró y solo así pude hacer lo que me pedía y comprobar que, aunque a veces el aprendizaje parezca un abismo, siempre hay alguien en quien puedes confiar, que no te soltará. Mis amigos se ríen de esta anécdota cada que la vuelvo a contar, pero para mí fue algo más que un suceso cómico, fue una súplica que fue atendida, y aunque mi instructor no es ningún dios, en mí avivó la fe.

●

El día que dejé el flotador fue un día que parecía común, no fue ni lunes ni viernes, fue un martes. Un día antes había estado practicando con la tabla flotadora durante toda la clase. El martes me metí a la alberca y supe que me hacía falta algo más. Ya no me bastaba seguir haciendo lo mismo de siempre. Lo sentía en lo profundo de mí. Aquello que me había dicho mi amiga, eso de sentir que eran más fuertes las ganas de aprender, surgía apenas en mi cuerpo. Todo mundo me había presionado mucho para llegar a eso, yo misma me lo exigía y me sentía muy frustrada por no sentirlo. No pudo ser antes, tuvo que llegar el día justo con la necesidad de aprender, de saber algo más.

¿Acaso cuando ya no nos da miedo algo nos causa aburrimiento? ¿Es la adrenalina que se segrega cuando tememos algo lo que nos lleva a hacernos adictos a la repetición hasta que el flujo de esa emoción disminuye o se hace costumbre y entonces necesitamos aumentar el riesgo? ¿Es que somos adictos a lo desconocido y a los retos? ¿El aprendizaje tiene que dar miedo para que valga?

Alguna vez mi hermano me dijo que pensara en el Batman de Nolan, en aquella escena en la que él está adentro de una cárcel en forma de pozo de la que nadie puede salir, en la que, aunque muchos lo habían intentado, siempre fallaban. La cosa es que todos los que trataban lo hacían amarrados de una cuerda, por eso, cuando Bruce Wayne, interpretado por el guapísimo Christian Bale, se sintió derrotado después de haberlo intentado un par de veces, un hombre sabio, de esos que nunca faltan en las películas hollywoodenses en los momentos de mayor tensión y reflexión, le dijo que si realmente quería salir de ese hoyo tenía que hacerlo sin la cuerda, porque solamente el miedo le ayudaría a darlo todo para no caer y lograr salir de ahí. Yo ya no recordaba esa escena, pero desde luego que cuando mi hermano me la trajo a la mente supe que era real, que mi cuerda era la pared, el flotador o las manos del profesor. Tenía que arriesgarme yo sola. Y aunque no pareciera, realmente lo intentaba. Me parece que todos me veían como una tonta que no podía soltar el flotador, pero la verdad es que por dentro estaba gritando todo el tiempo, estaba luchando y, sin embargo, por más que lo intentaba siempre fracasaba. La cuerda que usaba me era muy necesaria, porque creía que para mí sí era una herramienta para salir del pozo de la hidrofobia. Algunas personas me han dicho que aprendieron a nadar porque alguien los arrojó a la alberca y tuvieron que sobrevivir. Mi proceso no fue así de violento porque, aunque me forzaba para hacerlo, no podía dejar el flotador, la cuerda; estaban muy unidos a mi miedo, eran casi uno; estas herramientas me ayudaron a sentirme segura.

Me aventé sin cuerda hasta que logré tener una muy fuerte confianza en mí misma y en que el miedo me cuidaría y eso se llevó mucho tiempo. Fue un poco también como le sucedió a Dumbo con la pluma porque, aunque me parecía lógico que yo pudiera nadar, puesto que tengo todo lo que físicamente se requiere para hacerlo, mentalmente me sentía incapacitada. Mi mente se bloqueaba en el agua y entraba en una especie de shock que no me dejaba hacer mucho. Ese miedo era como la pluma que aquel elefante usaba para volar. Yo no podía soltarlo porque ese miedo me hacía aferrarme a lo seguro: la pared, el flotador, la cuerda. Racionalmente yo entendía todo esto con facilidad y sabía que podía lograrlo, pero emocionalmente el miedo me dominaba, al grado de que sin la pluma no podía hacer nada más que morir, porque también es cierto que cuando uno teme mucho a algo, a lo que le teme es a morir de ese algo.

Según he leído, el miedo es una emoción que cuando se experimenta provoca una serie de sensaciones que, una vez que se les identifica y se les pone un nombre en concreto, se les puede reconocer como algún sentimiento. Las emociones son viscerales e incluso pueden llegar a ser efímeras, mientras que los sentimientos se suelen prolongar. De esto entiendo la importancia de los nombres, de nombrar algo, de identificar o, como dirían los psicólogos, de hacer consciencia.

Muchas veces sabemos que sentimos algo, pero al no lograr decir su nombre se queda ahí atorado y la agonía que produce se prolonga. Una vez que lo ubicamos, lo nombramos o al menos sabemos que existe, aunque tenga un no-nombre, podemos trabajar en ello, hacerlo tangible, ponerle forma, peso y color.

Lo he pensado mucho y le he dado muchas vueltas al asunto, y mi tesis respecto del miedo es que su función es justamente esa, la de ayudarnos a reconocer sentimientos, pero hay una extraña parábola en esto, puesto que lo que nos da miedo es aquel sentimiento producto del miedo. Me explico: mi miedo a nadar es tangible, sé dónde está en mi cuerpo, sé qué tamaño tiene e identifico las sensaciones que me provoca, no obstante, los sentimientos en los que desemboca no del todo. Un sentimiento es un estado de ánimo... Y ahí todo se complica. Quizá el sentimiento que me produce la hidrofobia es justamente el de estar viva, porque mi temor es a la muerte. Tal vez este terror al agua solamente me hace adorar más la vida y temer su pérdida.

Hace poco leí un artículo de Mary Ruefle y Luis Ham, en el que uno de ellos preguntó al poeta Tony Hoagland qué opinaba sobre el miedo: "Me dijo que el miedo era el fantasma de una experiencia: tememos la reincidencia de un dolor que sentimos en algún momento, y de esta forma el miedo es como una resaca". ¡Claro! Se teme lo que se sabe que duele, como cuando estás en una relación en la que ya no eres feliz, pero no puedes dejarla porque inconscientemente recuerdas el dolor del duelo y te niegas a volver a sentirlo. Como yo cada vez que dentro de una piscina rememoraba el terror que sentí aquella vez que creí que moriría ahogada. Ese mismo miedo irracional es el que tenía de niña cuando mi mamá me dejaba en la puerta del kínder, o cuando me enfermaba y no quería dormir sola. Siempre he tenido miedo a morir, como todo mundo, pero sobre todo a morir estando sola. Nadar es un acto solitario y la soledad siempre me ha causado miedo.

Paul Ricoeur, en su teoría de la interpretación, dice que uno siempre está fundamentalmente solo, no de una manera romántica en la que estando en compañía nos sentimos fuera de lugar, sino en el sentido de que nunca podemos ser comprendidos del todo, de que seguimos aislados en tanto no logramos comunicarnos por completo con los demás.

Aquí aparece un punto esencial también, porque finalmente todo tiene que ver con el miedo a sentir. Hace tiempo, a una de mis mejores amigas le rompieron el corazón, así que salimos a caminar. Mientras ella estaba llorando me explicaba qué le dolía y se apuntó con el dedo índice en el pecho, justo en la orillita inferior del esternón, e imitó una daga clavada. Aparte de que me recordó el ejercicio con mi psicóloga, cuando vi eso me fasciné al pensar en que era una emoción tan fuerte que tenía que señalarla y picarse justo ahí para aceptar que sí se sentía con intensidad. Y que, aunque el dolor era semejante al de una puñalada, no mataba. Le dije que quizá no era buen momento para mi comentario, pero que era bonito que sintiera algo tan fuerte como para tocarse un punto del cuerpo del que generalmente no somos conscientes. Me gustó ver que existen emociones tan profundas y, aunque a veces no son las que uno quisiera sentir, hay que hacerlo porque de lo contrario estaríamos incompletos. No obstante, también es cierto que justo esa daga que imitamos con los dedos en el pecho es lo que siempre estamos evadiendo.

En el caso de mi amiga ese dolor derivaba en un sentimiento muy concreto: el desamor, y no fue una elección suya sentirlo. Pero ahí estaba ella, con la sensación muy concreta de dolor, sin poder evitar sentirla, enfrentándola llorando y maldiciendo su suerte porque había fracasado en su intento de no tener que pasar justamente por esa sensación.

De acuerdo con Paul Ricoeur, mi amiga probablemente no se sintió aliviada ni explicándome su dolor ni al escuchar mi reflexión al respecto, siguió ella sola sintiendo lo que solo ella sentía en ese momento, en su propia isla de sufrimiento. Yo creí que eso era bueno, dejarse sentir, pasar a la fase del desamor, y de esa manera completar un círculo natural. Porque lo anormal sería evitarlo y dejar ese ciclo inconcluso. No obstante, hay quienes hacemos esto último en determinadas situaciones y generalmente esa evasión tiene que ver con experiencias pasadas, es decir, con el recuerdo amargo que no se quiere volver a experimentar, tal cual lo dice Tony Hoagland, y creo que generalmente los recuerdos a los que más tememos tienen que ver con esas dos condiciones: la soledad y el dolor. El miedo parece ser un mecanismo de la memoria.

Mucho tiempo creí que yo no podía soltar mi fobia al agua, que tenía que aceptar que el miedo no era parte de mí, sino que era yo misma. Me costó mucho separarme de esa idea y me he dado cuenta de que lo que ayuda a marcar una línea entre nosotros y el miedo es la identificación de aquello que nos evoca. Una vez que supe lo que realmente me daba miedo fue más fácil avanzar.

La pared y los flotadores a los que me sostenía para empezar a aprender a nadar anteriormente nunca me iban a hacer nadar, eso lo tenía que hacer yo sola, porque una pared y un flotador no nadan; están congelados ahí, en sí mismos, y no avanzan. Mi pared y mis flotadores en su momento representaron también, metafóricamente, a algunas personas en mi vida que no quisieron trascender la etapa del miedo, quisieron quedarse siendo pared y flotador, porque no es fácil pasar a otras cosas, aunque, también hay que decirlo, no siempre se trata solo de pensar en el binomio fácil/difícil, sino en algo más práctico: en el ejercicio diario, la disciplina. Yo puedo decir que no tenía tantas ganas de aprender a nadar como las tenía de no tener miedo, y que justo eso era lo que me llevaba cada mañana a la alberca pese a todas las sensaciones desagradables que me causaba; quería ver qué había más allá de ese miedo, y eso fue un proceso constante, decidido y voluntario. Lo maravilloso fue que no lo derroté, sino que por medio de este me conocí mejor y logré identificar sentimientos específicos que, aunque siguen en mí, ya no me paralizan.

Ahora no voy a la alberca a luchar contra el miedo en sí, sino contra la memoria que tengo de mí, de lo que me daba miedo y ya no, contra lo que mis sensaciones y emociones me ofrecen y hacia dónde me llevan. Y quizá ni siquiera es una lucha, sino, más bien, parte del aprendizaje y del disfrute, puesto que una vez que se deja atrás la pared y los flotadores y lo hacemos todo a solas, lo que sigue no es nadar, sino aprender las técnicas, perfeccionarlas y gozarlas.

Creo que los miedos no se combaten, esa idea es errónea, sino que se dejan sentir y se confrontan. El miedo es lo que nos recibe en la antesala del gran auditorio en el que se encuentra el aprendizaje. Tenemos que pasar por su pasillo si queremos llegar al verdadero destino.

Cuando se pierde el miedo se entra en otro proceso, uno en el que hay mayor claridad y entonces se puede poner atención en otras cosas. Cuando se siente miedo no es posible concentrarse en nada más que en las sensaciones desagradables. El temblor dificulta que se atiendan otros detalles. Es decir, cuando inicié las clases podía sentir el agua en todo mi cuerpo como una amenaza, como si yo fuera un aparato eléctrico que fuera a descomponerse al humedecerse. Podía sentir cada ranura en mí invadida por óxido, dejando de funcionar con la descarga acuática. Una vez que perdí el miedo, dejé de sentir el agua. Es raro, pero me acostumbré a la sensación y, el agua, más que vivirla como algo húmedo, ahora la aprecio como una especie de protección, como una sábana lustrosa. Muchas veces olvido que estoy en ese medio porque me concentro en estirar las piernas o en tener la cabeza más abajo de la altura de los hombros o en respirar correctamente.

●

Las albercas olímpicas tienen unas líneas en el piso que sirven de guía para los nadadores profesionales; en la que voy los carriles las atraviesan, así que es fácil ver que hay unos dos metros entre cada una y la del final se distancia de la pared como por un metro.

Hace un año, por recomendación de mi instructor estuve más de cuatro meses intentando lanzarme sobre el agua desde esa última línea hacia la pared sin lograrlo. Un día sí pude y me sentí vencedora, pero cuando llegas a una meta, inmediatamente aparece otra, así que el instructor me ordenó lanzarme desde un paso más atrás de esa línea y cada día otro paso más atrás del paso anterior y la pared cada vez se veía más lejana y el terror más cercano. No era lanzarme nadando un metro con dirección hacia la pared, para mí era una lucha contra el miedo más intenso, solo comparable con un combate a muerte con el mismísimo Cthulhu... Y, pues, digamos que odié con toda mi alma esa línea durante otro par de meses.

Ya no me acordaba de eso, pero hoy mientras nadaba relajadamente, estirada como saeta argentada atravesando la canosa agua, viendo las burbujas que salían de mi nariz como un cardumen de pececillos transparentes que se esparcían lentamente, vi la negra y gruesa línea. ¡Qué maravilla haberla olvidado! ¡La veo todos los días sin verla! ¿No es eso lo que pasa cuando una ha superado algo? Simplemente se pasa a otra cosa y pareciera que la cabeza borró lo anterior porque, aunque sigue ahí, parece ya no estar.

Me hizo feliz recordar esa línea, porque con ella he recordado que la tristeza, el dolor, el encono y la angustia también se superan y que, aunque en cierto momento pueden llegar a ocupar casi todo en el cuerpo y la mente, si se persiste quedarán atrás, muy atrás, en la gran piscina azul de nuestras vidas como grandes señalizaciones de que hemos avanzado.

Voy que vuelo (o que nado) para escritora de superación personal, ¿no?

●

Este ensayo en un inicio no iba a ser sobre nadar ni sobre aprender, sino sobre el miedo al agua, pero luego comprobé que el miedo generalmente no trasciende. Así que cuando lo vencí me pregunté qué más tenía que decir y la verdad es que caí en cuenta de que este no podía ser un texto solamente sobre el miedo, porque ese forma parte solo de una primera etapa. Así fue como esto se convirtió en una reflexión sobre un proceso de aprendizaje; es un ensayo sobre todo aquello que se atraviesa cuando queremos obtener un conocimiento. El miedo siempre queda atrás si uno así lo dispone, pero generalmente lo que viene junto con el miedo, como lo que viene después, puede llegar a ser incluso más complejo o más maravilloso.

No creo que este ensayo sea una oda a la natación, o quizá sí, pero no de manera intencional. Creo que muchas cosas que digo aquí no son producto de la natación, sino de todo un proceso interior que he podido discernir en este parangón de manera más concreta. Antes, como corredora aficionada había pensado varias cosas, pero nunca lo había podido expresar con facilidad; si esta vez lo hice no es por la natación en sí, sino por el miedo. En realidad este ensayo comenzó por el miedo; fue una manera de hablar del miedo y no solo hacia el agua, sino hacia muchas cosas en la vida, de las que no había sido consciente hasta que tuve que enfrentarme al vértigo en una alberca.

Sin ese miedo no podría explicarme a mí misma la serie de procesos emocionales y sentimentales que he vivido a lo largo de mi vida. Por eso creo que, aunque aún no sé nadar, sí sé hablar sobre el miedo por medio de metáforas y de comparaciones. Creo que de no ser por la hidrofobia muchas cosas no las tendría claras aún sobre mí misma. Al miedo le debo la madurez que he logrado no solo como persona, sino como escritora en un momento de mi vida en el que me sentía francamente una fracasada en todo. El miedo me mostró el camino, me llevó de la mano hacia la comprensión de mí misma, me ayudó a ser mejor persona. Por eso creo que, aun cuando algo nos atemorice sobremanera, hay que enfrentarlo, no para vencerlo, sino para conocerlo y aprender. Esa es la gran lección que he ganado en esto. Escribir sobre todo esto ha sido una manera de hacer algo contra el miedo y hasta este punto puedo decir que el miedo es lo que te salva de ahogarte. Necesitas el miedo para no morir rodeada de agua, para enfrentar la soledad y el dolor.

Del punto A al B

Nada de esto se trata de moral, religión, dogma o sofisticadas preguntas sobre la vida después de la muerte. La cuestión aquí es la vida antes de la muerte. Es llegar hasta los treinta, o tal vez incluso los cincuenta, sin querer dispararse a sí mismo en la cabeza. Es sobre el verdadero valor de la educación, que no tiene que ver con calificaciones o títulos, sino con la simple conciencia –conciencia de lo que es real y esencial, tan escondido a simple vista alrededor de nosotros, que tenemos que recordarnos a nosotros mismos una y otra vez:
"Esto es agua".
"Esto es agua".

David Foster Wallace

La frase "tirar la toalla" siempre me ha gustado porque crea una imagen muy nítida: una mano que aprieta la tela áspera y luego la arroja al suelo con determinación. Decirla en primera persona y en pasado, "tiré la toalla", significa rendirse. Y según eso nadie debe rendirse. Nunca. Jamás.

Yo creo que a veces una ya está rendida sin haber tirado la toalla, que una la mantiene entre el puño como para tratar de convencerse de que si ahí está es porque todavía hay una lucha que dar (sí, la frase viene del argot del boxeo, pues la toalla se tira como señal de que el boxeador no puede seguir en la pelea).

A veces uno debe darse cuenta de que entre los cinco dedos y la palma no hay nada más que una misma siendo una perdedora, porque hay cosas para las que una no está hecha y se tiene que aceptar la derrota con humildad.

También se requiere valor para ver la toalla en el piso y no levantarla, aunque tenga nuestro olor y sudor; para sentarnos a un ladito y llorar o gritar, porque el fracaso nunca se siente bien, sino como un fango pegajoso que no se quita con nada, ni limpiándose mil veces con la bendita toalla. En ese momento hay que recordar que la tiramos justo en el instante en que ya no había otra cosa más que tirar, que la toalla quizá tiraba más de nosotros que nosotros de ella, que tal vez nos convertimos en la toalla misma.

La imagen de "tirar la toalla" alivia porque nos podemos ver soltándola, liberándonos de la pesada obligación, de la expectativa de los demás, del peso de hacer algo que en realidad no se quiere hacer. Y es que el no soltar la toalla no nos exime de perder. No estoy diciendo que hay que tirarla, o bueno sí, poquito. Digo que en todas las toallas del mundo hay victorias y derrotas y que solo vemos esta tela absorbente cuando nos rendimos, pero cuando ganamos también está ahí, no en el suelo, sino sobre nuestro cuello: altiva y esplendorosa. En otras palabras, aquello con lo que renunciamos suele ser también lo que nos acompaña a obtener un éxito, solo que el orden cronológico entre ganar y perder no tiene un orden concreto y hay que aprender mucho todavía acerca de las toallas…

Esta toalla, apenas color rosa, me espera cada mañana afuera de la alberca a la que voy desde hace más de un año para aprender a nadar. No lo he conseguido del todo y últimamente he perdido la motivación. En la última semana, después de apagar la alarma que suena a las seis, me digo cualquier pretexto, "estoy cansada, me duele la espalda, tengo cólicos, mañana sí iré", y vuelvo a dormir.

¿He tirado la toalla? Quizá sí o quizá solo estoy en una crisis. Quizá solamente estoy emocionalmente cansada de las clases, pero, sobre todo, de los pocos resultados. Quizá esa toalla me ha tirado a mí. Quizá soy una toalla deshilachada y húmeda que no puede ser levantada una vez más… Creo que la frase "tirar la toalla" tiene más que ver con la natación que con el box.

●

La verdad es que a veces se quiere fracasar. A veces no se quiere el triunfo o el éxito, incluso se podría decir que le tememos, que es una responsabilidad muy grande. Ganar significa salir, afrontar nuevos retos, ser otras personas, cambiar y recomenzar. Perder suele significar permanecer, seguir como siempre, y obtener la lástima. Ah, la bendita y adictiva lástima.

El sabernos perdedores nos permite ser aquellos a los que los demás van a ver como los que nunca pueden llegar a ser algo más que perdedores y, en cierta medida, buscamos que nos consuelen, que nos ayuden, que nos hagan sentir mejor, que alguien venga y nos diga: "no, tú no eres un fracaso". Lo malo con esto es que no importa cuánto alguien nos quiera convencer de que no somos eso, porque nunca lo creeremos y, por el contrario, nos haremos adictos de personas que quieran repetirnos ese tipo de frases, y realmente nunca nadie puede llegar a demostrarnos esto con veracidad.

Además, una persona que tiene muy interiorizado su propio fracaso, que ha vivido con él durante mucho tiempo, que se ha acostumbrado a eso, difícilmente ganará algún día. En cambio, consciente e inconscientemente, hará lo posible para reafirmarse como un fiasco: abandonará empeños, cometerá errores básicos, alejará a gente…

Siempre se quiere mantener cierta estabilidad y a veces lo hacemos de manera automática, es decir, interiorizamos que somos unos perdedores y que así debemos seguir, que ganar no va con nosotros. Eso tiene cierta relación con la formación que hemos tenido desde pequeños. Pertenecer a nuestra familia es la primera forma de permanecer, de formar parte de algo. Al parecer, nos resulta de extremo peligro no pertenecer. De esa manera, comenzamos a identificarnos con lo que nuestra familia es. A veces tener éxito va a implicar no pertenecer a una casa en la que todos son perdedores. Triunfar, en algunos contextos, es equivalente a una traición al clan.

Uno se aferrará a perder si es lo que creemos que nos caracteriza. A veces no sabemos que todo lo que hacemos en nuestra vida tiene que ver con la eterna herencia del fracaso familiar, y vamos por ahí sintiendo que algo nos falta, que algo está mal, que nada nos sale como queríamos; sin caer en cuenta de que, en realidad, hicimos todo para cumplir con ese resultado.

Dejar de pertenecer a algo exige un estado de vórtice que pocos están dispuestos a comprobar. Si recordamos el monólogo teatral *Novecento*, del italiano Alessandro Baricco, su protagonista Danny Boodman T. D. Lemon Novecento nunca baja del barco en el que nació, lo que es una perfecta alegoría de la pertenencia, pues la idea de bajar del barco significa enfrentarse a la libertad de decidirse entre miles de opciones, cosa que en el interior del transporte es limitada, incluso determinada. Y aunque el no tener que enfrentarse a condiciones tan abrumadoras ofrece gran comodidad, exige también la pérdida de unicidad. Desde luego que, en gran medida, muchos preferimos la dependencia que da el pertenecer a algo o alguien, antes que la sensación de libertad, por eso la connotación que tenemos de la soledad está asociada con características negativas, pues el visualizarnos solos, libres de cualquier pertenencia, se nos presenta como algo aterrador, al igual que a Novecento el mundo afuera del barco. Yo fui una Novecento que una vez afuera del barco se refugiaba junto a una pared o un flotador.

Dice Fritz Perls que "sufrir la muerte de uno mismo y renacer no es fácil", y es que abandonarse es un proceso parecido al de morir, pues dejamos de ser aquel que nos empeñamos tanto tiempo en ser, y "dejar de ser", dada su significación ontológica, no es otra cosa que morir; esto claro, siguiendo la alegoría de desprenderse de la pertenencia.

Así de compleja es la situación a la que me enfrenté al ver de frente mi hidrofobia. Se trata de renacer, de volver a ser apenas un sistema vivo que va a reaprender el conocimiento que lo circunda.

●

Al emprender el objetivo de aprender a nadar me he sentido terriblemente estúpida y triste. O una fracasada que no entiende. No entender me hace sentir perdedora. Creo que entender o, mejor dicho, comprender nos hace avanzar, sanar, pasar página. La incomprensión nos deja varados en medio de la nada, nos deja con desazón, sinsabor, extrañeza, zozobra.

Hay cosas que no entiendo, y una de esas es cuando me siento derrotada pese a haber hecho todo lo humanamente posible por avanzar. Cuando no se logra dar pasos concretos viene la sensación de derrota, de sentirse menos. Y es que al fracasar es inevitable que nos comparemos con aquellos que sí lo logran, que nos midamos con ellos y obviamente en esa evaluación salimos perdiendo. Fracasar es una constante comparación entre ganadores y perdedores.

Perder tiene mucho que ver con soltar. Y soltar siempre ha sido difícil y doloroso. Al perder uno deja ir el triunfo y las concepciones sobre uno mismo. Si una se creía capaz de llegar al otro lado de la alberca, de repente hay que aceptar que no se logró, que por más que lo intentamos no pudimos hacerlo. Pero si hay otros que lo logran, nos empezamos a ver como estúpidos, tontos, mediocres, perdedores ante nuestro reflejo en el espejo acuoso.

Veo cabezas cubiertas con gorras de silicón negro y amarillo y rojo avanzando sobre crestas acuáticas que bailan al ritmo de las brazadas. Uno, dos, tres, respirar, uno, dos, tres, respirar... Veo a los nuevos nadadores moverse como reptiles de plástico, deslizándose rítmica y decididamente contra el suave líquido que los recibe en un húmedo abrazo y los ayuda a llegar al otro lado, mientras yo sigo aquí, sin poder moverme, parada junto a la pared. Apenas logro verme los pies entre el agua, el color de las uñas: un verde esmeralda chispeante. Yo soy lo único gris incrustado entre el brillo de la alberca.

●

En mi vida he tenido muchos fracasos. Soy la número uno en este tema. Por ejemplo, hace unos años fracasé en un proyecto de doctorado. Si bien desde niña fui una fracasada en las matemáticas, logré avanzar en mis estudios porque realmente me esforcé por tener una calificación aprobatoria... o porque alguna amiga me pasó las respuestas durante el examen; en las materias relacionadas con español, ciencias sociales y humanidades siempre tuve éxito. Cursé la licenciatura en Letras, donde me sentí como pez en el agua; hice una maestría en literatura mexicana y motivada por mis triunfos me decidí a aplicar para obtener el grado de doctora en literatura hispánica por una de las universidades de mayor prestigio en el país, la cual me aceptó sin titubeos.

Así que me mudé de ciudad e inicié con motivación lo que yo suponía sería el ápice de mi educación. No obstante, una vez dentro de la institución, me decepcionó la violencia con que ejercían docentes y directivos. Mi desánimo fue visible cuando, después de un año, lo único que quería era tener vacaciones, por lo que falté a un curso que se suponía era extracurricular. Por esa falta me dieron de baja. Cuando me notificaron que ya no pertenecía a la matrícula de la escuela y que me habían retirado la beca, me derrumbé.

Me recuerdo regresando a mi ciudad sin nada, ni dinero ni el título ni ánimo, solo yo como un girón de tela dejado sobre un sofá. Me sentía avergonzada, no sabía cómo explicar ante los demás el fiasco que había resultado ser. Así que me recluí en mi casa, estuve un buen tiempo sin querer salir ni ver a nadie o, mejor dicho, sin ser vista. En esos días de desasosiego también me separé por milésima vez de la relación que llevaba arrastrando durante años, como un inconsciente desastre, así que era un doble fracaso, o al menos así me lo parecía. No logro acordarme de cómo salí de ese bache, puesto que en ese momento creí que mi vida amorosa, académica y profesional había terminado. A veces, antes de ahogarte, por instinto simplemente sales a la superficie y respiras.

El fracaso sube por adentro y pareciera ahogarme. Es llanto, acaso. Una siente que fracasó e inmediatamente vienen las ganas de llorar; es como un ahogo interior. Fracasar es intentar nadar donde no hay agua, porque adentro está todo seco. Fracasar es intentarlo con muchas ganas y fe y fuerza y aun así no lograr llegar más allá de donde se empezó. Esa es la sensación del fracaso y es parcialmente cierta, porque en realidad siempre se avanza, aunque sea un poco.

Fracasar implica haberlo intentado al menos. Hay gente que no fracasa porque no se arriesga, pero quien no fracasa no lo intentó. El proceso de aprendizaje implica siempre también derrota. No hay más. Solo aquellos que han fracasado logran acceder al conocimiento del perdedor, porque es más fácil aprender después de haber cometido errores, puesto que ahí no hay teoría, sino práctica pura y dura.

Los errores nos hacen dar pasos grandes. Los errores nos hacen saber lo que hay que evadir y lo que hay que mejorar para no volver a cometerlos. Quien no se equivoca no aprende. No podemos saltar ese paso. Siempre tiene que haber un sobresalto antes de llegar a la meta. Las victorias suelen estancar a las personas porque al llegar a una meta se cree que ese era el destino final, entonces hay quienes se retiran para no volver y quienes se esfuerzan por mantenerse ahí, en la quietud, y perfeccionar la manera de no moverse de ese lugar. No obstante, los errores nos hacen contraernos: atrás y adelante, y en ese ejercicio nos reencontramos con otros fracasos y otros avances. Decía José Saramago: "para que los hombres se ciñan a la verdad, primero tendrán que conocer el error". La verdad es el conocimiento.

Amado Nervo afirma que "la mayor parte de los fracasos nos viene por querer adelantar la hora de los éxitos". Yo creo que no necesariamente es eso, que nadie realmente puede evitar el fracaso porque, bajo dicha premisa, todos siempre queremos tener el éxito rápido, esa es la idea fundamental: ir por él. El asunto es que fracasar es inevitable y hay que estar conscientes e incluso dispuestos a eso. Ese es el verdadero problema: que no tenemos esa disposición y, por el contrario, siempre evadimos la idea. Nos atormenta, nos da pavor perder. Aunque también es natural intentar evitar el fracaso, porque nadie quiere sentir esa sensación de ahogo, de inundación interna... de una tormenta terrible que arrasa con nosotros y parece llevarnos lejos, muy lejos.

Fracasar nos confronta con la idea que tenemos de nosotros mismos. Nos hace cuestionarnos. Lo malo es que suele ser de manera muy extrema y cruel. Porque fracasar implica vernos como imperfectos y no logramos perdonar esta cualidad. Nos exigimos ser precisos y perfectos, lo cual es desgastante e innecesario. No obstante, siempre necesitamos ese flagelo. Fracasar también nos sirve para castigarnos.

¿Hay en nosotros un deseo sádico de autoinfligirnos dolor? ¿Por eso fracasamos? ¿En el fondo hallamos cierto placer al demostrarnos que no podemos hacer u obtener algo? ¿Alguien puede negar que muy en el fondo de su alma ha sentido goce al verse tirado en el piso luego de haber fallado en algo, que las lágrimas y el dolor le causaron una sensación de agridulce alegría al demostrar lo que antes quizá solo era intuición o sospecha: que se es un perdedor irremediable y que nunca nada podrá cambiar esa condición? Hay quienes en algunos momentos nos aferramos a eso, porque, aunque sea un placer doloroso, no deja de ser placer y en eso hay cierta ganancia.

Fracasar tiene que ver también con la idea de avance, pues para fracasar se debe de llegar de un punto A al punto B. En el *inter* debe ocurrir algo en nosotros, no en el exterior, que no nos permita avanzar. Quizá un miedo profundo a ganar.

Yo no fracasé en aprender a nadar. Pero sí fracasé en muchos intentos. Hubo una ocasión en la que, al verme incapaz de lograr un ejercicio con el *pullbouy*, lo arrojé al piso, me salí de la alberca, me metí a las regaderas y me puse a llorar. En ese momento me juré no volver a la alberca porque odiaba esa sensación de derrota. No llegué al punto B, sino a mi límite de tolerancia.

En el fondo quería que alguien se acercara a mí y tratara de convencerme de que yo no era una *loser*, que a todos nos pasan esos días, que hay días malos. Sí, en el fondo deseaba eso, pero nadie lo hizo. En el fondo quería que alguien me dijera que también pasó por lo mismo, pero no era posible, porque ¿a cuántas personas les pasa que inviertan meses tomando clases de natación y no logren siquiera flotar? La verdad es que soy la única que conozco sin esa capacidad.

●

Un día le pregunté a mi instructor si yo era la alumna que más ha tardado en aprender a nadar que él haya conocido. Me dijo que no, que una señora estuvo cinco años en clases y sigue sin aprender; simplemente se dio por vencida. Pensé, "¿y si eso me pasa a mí?". Él me dijo que yo tenía procesos que ella nunca quiso experimentar. No sé. Yo pienso en esa señora, de la cual no conozco ni el color de su cabello ni de sus ojos ni de su piel, pero que imagino grande y pesada, con el cabello canoso y los iris marrones, aferrada al flotador como si este fuese su victoria muy personal.

Medimos los procesos de aprendizaje en fracasos y siempre creemos que deben ser pocos. Que cinco años de fracasos son muchos, que son un límite. La verdad es que los fracasos no tienen un tope. Uno puede llegar a su lecho de muerte como parte de un fracaso. Aunque también vale pensar que bien podemos llegar a ser los campeones del fracaso y, ¿a eso también se le podría llamar derrota?

●

Hace tiempo, por no tener suficiente dinero tuve que dejar mi departamento y volver a vivir con mis padres. Cada cosa que metía en cajas me hacía sentir más derrotada. Nunca he estado casada, pero tenía la sensación de volver a la casa paternal después de un terrible divorcio. Me sentía triste y sola. Además, como llevaba ya más de un año fuera de esa casa, cuando regresé, mi antigua habitación, con un balcón y una iluminación envidiable, ya estaba ocupada por mi hermana, por lo que me metieron en un cuartito oscuro y sin ventilación en el que durante las temporadas de calor siento que me asfixio.

Esa es una imagen muy clara que tengo de la sensación de la derrota: meter mis cosas en cajas, recogerlas y dejar todo vacío; decir "aquí yo no puedo estar, no es lo mío, no tengo manera de hacer esto". También es una sensación que suelo tener cuando fracaso en alguna relación: recoger mis sentimientos y guardarlos en mí hasta que se vuelvan a necesitar.

Esa también fue la sensación que tuve aquel día que renuncié a seguir con las clases de natación. Fue un agarrar mis cosas y llevarlas al casillero, fue lavarme el cloro en las regaderas y dejar ese lugar.

Cuando regresé a la casa de mis padres me di cuenta de que había perdido muchas cosas: en primer lugar, mi departamento, luego mi espacio, y después mi libertad e independencia; además, perdí muchas de mis cosas literalmente porque las tuve que vender. Lo que me quedó lo metí en cajas y lo guardé indeterminadamente. Eso es lo que hago cuando fracaso en algo; lo recojo y lo guardo y esas dos acciones son tremendamente tristes casi siempre, porque admiten la idea de que, al menos en ese momento, son inútiles. Cuando uno de mis ensayos no gana en un concurso literario, lo guardo en la computadora y no vuelvo a abrir el archivo hasta que lo considero necesario otra vez.

Las cosas se pusieron difíciles en diferentes asuntos de mi vida en esa época, así que lloré mucho. Ese nuevo cuarto me vio llorar quizá más que el anterior que habité diez años. En ese pequeño y oscuro rincón me sentí más miserable de lo que me he sentido en cualquier otro espacio, porque cuando una siente que retrocede lo hace en varios sentidos. Pareciera que incluso regresamos a la infancia, bueno, al menos lo hacemos quienes no tuvimos una infancia feliz.

Un día mi mamá me dijo que mis hermanos me habían escuchado llorar por la noche y que estaban preocupados por mí. Me sentí muy avergonzada. Mi imagen me parecía desastrosa: una treintona llorando en la madrugada mientras sus hermanos menores la escuchan preguntándose "¿por qué es tan *loser*?". Pero es inevitable. Una de mis herramientas de curación siempre ha sido el llanto. Yo me ahogo en el llanto cuando siento que no puedo con algo. Todas las cosas difíciles en mi vida tienen que ver con agua afuera o dentro de mí.

Muchas veces que me frustré al no poder hacer ejercicios en la alberca se me salieron las lágrimas y me inundaron los goggles. No lo digo totalmente con orgullo, pero así soy. Soy una llorona. Cuando las situaciones me rebasan siento que me inundo y llorar me ayuda a *desinundarme*.

●

Fue difícil encontrar el tono de este ensayo. Siempre quise que fuera una voz esperanzadora, que dijera que hay que intentar las cosas, que el simple hecho de intentarlas es plausible, que levantarse cada día para ver el mismo resultado de hace un mes es valioso, pero la verdad es que a veces no tiene mucho sentido. Hay días en que me cuestiono qué tanto realmente vale la pena, porque una siempre da y siempre se le quita, es decir, una se levanta a las seis de la mañana, pudiendo hacerlo a las ocho o nueve, no sé, y se piensa que es por algo y que ese algo vale la pena, pero cuando ese algo sigue siendo casi nada, la desmotivación aparece otra vez.

Quizá realmente la vida no se trata de los grandes logros, quizá es esto, una serie interminable de nada: ni logros ni derrotas, sino intentos que no son derrotas ni triunfos, son series consecutivas del mismo resultado sin que una pueda adelantar o retrasar en la esperanza. Quizá la vida realmente es esto y la felicidad consista en saber aceptarlo y vivirlo sin que sea un lastre.

Tal vez ya interiorizamos demasiado la idea de que ser feliz tiene que ver con grandes aventuras y grandes hazañas, en las que se supone que somos los héroes y que somos recompensados en cada descubrimiento. Quizá los aprendizajes del día a día no tienen que ver con medallas, ni reflectores y sean una suerte joyceana en la que el simple hecho de haber recorrido un día más sea ya un hecho insólito. No lo sé.

●

Estoy sentada en la cama, frente a la computadora, tengo los ojos hinchados después de haber llorado mucho, y tengo presentes en mi mente esas palabras: "tú escribe, tú escribe…", que son como una demanda, que me piden que olvide todo lo demás, que olvide el fiasco que soy y que me concentre en esto, en escribir.

Escribir es como un salvavidas en la gran alberca de mi vida, en la que ahora me ahogo. Intento flotar, no me puedo asir a nada y la marea me lleva hacia donde quiere, no tengo control y me pierdo, me ahogo. Dentro del agua no hay manera de desahogarse. No la hay.

Me duele ver mi vida a la deriva, como un náufrago que no puede hacer nada ante la fuerza e inmensidad del océano, es decir, ¿qué puedo hacer yo ante un mundo que no comprendo y al que nada le importo? *¡Nada!* Me grita una voz desde muy adentro. ¿Nada? ¿Es imperativo hacerlo? ¿Cómo, si no tengo la capacidad mental para lograrlo? ¿Cómo, si cada vez que he confiado en un flotador me ha hundido más y la pared de la orilla, en la que me refugiaba, ya no existe? ¿Qué hacer cuando todos se han dado por vencido conmigo, cuando yo misma estoy harta de seguir tratando?

El agua no se da cuenta de que yo estoy entre ella, no es mi enemiga, no soy su víctima. Es solo agua y, sin embargo, cuánto me asusta vivirla, cuánto me penetra por todas partes y me hace sentir insignificante.

Estoy frente a la computadora triste, sin ganas de levantarme mañana a las seis de la mañana para ir a la alberca, para sumergirme, porque sé que mañana no será diferente de ayer o de hoy, sino lo mismo, el mismo nulo resultado. No importa cuánto lo desee. No se trata de un acto de voluntad, no es una invocación mágica, no es un decreto místico. Hay cosas para las que una simplemente no nace, hay cosas que se debe aprender a entender que no son para una.

El tono de este ensayo no es ni puede ser triunfante, sino el tono palpitante de esta emoción que se desborda a veces en alegría y a veces en una terrible amargura, porque en la vida nada puede ser enteramente constante. *¡Nada!*

Me han dicho "ponte a escribir", como si fuera un acto de resignación, un acto individualista en el que nada más importa, solo yo. Y yo he dicho, "sí, escribo", pero no como una consigna ególatra en la que intento mostrar al mundo que si no sirvo para otras cosas quizá para esto sí. No. Escribo como una manifestación personal de que la vida no puede ser solo esto, que la vida no es agua contra la que se lucha, que la vida no es indiferente como el agua, que no somos peces que no se dan cuenta que están inmersos en agua. Sabemos que hay algo afuera y que podemos gozarlo.

Mi tono es entusiasta y optimista porque dentro de la amargura que a veces crece en todo mi cuerpo, sé que hay algo más, que no solo es agua. Hay un más allá del agua. Escribo no como un acto individual, sino como un acto de amor y de esperanza de que hay algo afuera del agua para todos; una constatación de que el aire siempre se puede tomar, podemos salir a hacerlo cada cuatro brazadas, y aunque no logremos nadar nunca, habrá siempre otras cosas. No tenemos que rendirnos, sino buscar un más allá. Para mí la escritura. Me abalanzo en ella y la tomo como un estandarte digno de salvación, como una balsa que me rescata de las embestidas de estas terribles olas que se presentan como los dientes transparentes de un monstruo ante el que me siento indefensa.

Hoy, de repente, al sentirme tan triste, al ver el mundo tan ajeno, tan incomprensible, lo único que pude hacer fue encender la computadora a medianoche, después de haber llorado, y ponerme a escribir. Me he rescatado del abismo acuoso del miedo a la incomprensión.

●

"No te preocupes si ves que los otros han logrado más que tú. Con una vez que lo hagas bien, podrás alcanzarlos", me dijo mi hermano. Así que cuando solté los flotadores pensé que, en efecto, ya lo había logrado. Pero no. Los demás subieron de nivel. Llegaron nuevos aprendices a la alberca y yo seguí ahí, solo pateando en el agua, con mis pies apenas despegados del suelo.

Mientras para mí eso fue El Gran Logro, para los demás fue nada. Al principio no entendí por qué, pero luego yo misma me di cuenta de que era apenas un pequeñísimo avance. Si gatear es el principio de los niños para aprender a caminar, yo me arrastraba.

Mi hidrofobia estaba ahí, más tenue, pero ahí y era lo que me impedía elevarme completamente sobre el agua. Sentía que iba a morir. Así es. Morir. Esa es la sensación con la que he luchado cada día en la alberca, la sensación de soledad y tristeza frente a una muerte inminente y aplastante.

Entonces, mientras el instructor de siempre se fue de vacaciones por casi tres semanas, llegó un sustituto muy joven, universitario quizá. Y ahí comenzó otra pesadilla. Durante toda la clase se escuchaba retumbar entre los triángulos de las pequeñas olas su grito: "Más fuerte, no estás pateando nada, más rápido, mete la cabeza".

Aunque en un principio esto me avergonzaba, poco a poco fui tomándole gusto a la presión. Me retaba, me impulsaba a dar más. Hubo días en que el corazón parecía salirse de mi pecho y, sin embargo, ahí se quedaba sofocándome. Las piernas estaban a veces por reventarme, pues, además, nunca he dejado de correr por las tardes, así que se hicieron como dos misiles. Pero el problema seguía siendo el mismo: el miedo a flotar sobre el agua. El miedo a morir ahí.

Tenía un compañero de carril que era un señor con sobrepeso, así que cada que se me acercaba lanzaba hacia mí una marea que golpeaba duro contra mi cara y me regresaba a la pared. Apenas veía la ola acercarse, comenzaba a darme pánico y en mi cabeza escuchaba: "no puedo, me voy a ahogar". Esto lo superé con ejercicios de respiración, pues para poder cruzar toda la alberca pataleando, el nuevo instructor me exigía no pararme sobre los dos pies en ningún momento, y eso solamente era posible si controlaba la cantidad de aire que inhalaba y exhalaba. No siempre lo logré, pero persistí.

"Aún no lo logro, pero sí puedo hacerlo", dijo él y pidió que yo lo repitiera mientras me exigía que flotara y pateara. No pude repetir su frase porque era más fuerte el miedo y no logré hacer el ejercicio porque apenas podía controlar mi miedo al agua. Me sentí nuevamente decepcionada de mí misma.

"¿Y si es esto todo lo que tengo para dar?", pensé. Sí, quizá era mi máximo nivel de realización en la natación. Tal vez era el momento de aceptar que no había más para mí, de resignarme a que "nadar" para mí iba a ser esas patadillas que daba apenas unos treinta centímetros sobre el suelo… Pero el joven instructor dijo: "no hay vuelta atrás".

LA PARED Y EL FLOTADOR

La calma de las aguas profundas, apariencia y nada más.

JOSÉ SARAMAGO

Hace tiempo, mientras terminaba una relación de seis años en un mensaje de WhatsApp, le dije a mi ex que él era como aquel que pudiendo aprender a nadar se quedaba siempre en la orilla, aferrado a la pared por miedo a disfrutar del resto del agua en la alberca. No sé por qué usé esa alegoría si en ese entonces yo todavía no tomaba clases de natación.

Quizá inconscientemente ya tenía en mí el deseo de arrojarme al agua. O quizá ya desde entonces había iniciado un proceso dc aprendizaje. Lo curioso es que, según mi teoría, él tenía miedo al compromiso en una relación madura y con esa metáfora yo quería decirle que yo era el resto de la alberca, mientras que su miedo era la pared. No obstante, creo que por la precipitación con la que escribí el mensaje le dije todo lo opuesto: que yo era la pared. Cuando me di cuenta de la contradicción que tuve al redactar eso, ya no me sentí con la energía suficiente como para decirle: "ah no, espera, lo que yo quería decir en realidad era que…". De todas formas ya habíamos terminado y nada de lo que dijera o no dijera cambiaría las cosas.

Ahora que ya ha pasado tiempo, sé que ese no fue un error casual, que en realidad no le estaba diciendo eso a él, sino a mí misma: esa relación era mi pared y yo tenía que dejarla y arrojarme al resto de la alberca.

Hay personas que significan eso: un lugar en el que estar a salvo aun cuando no nos aportan nada, no nos llevan a nada y ya no estamos aprendiendo nada. Y no nadas. Nada. Sin embargo, qué difícil es soltarlas. Sí, es solo una pared, solo una relación, pero a la vez se llega a sentir que es todo lo que tenemos y dejarlo nos puede asustar tan profundamente como cuando al experimentar un ahogo en alguna alberca o en el mar nuestras manos buscan desesperadamente a qué aferrarse: pared, flotador, pareja… Paradójicamente, esa sensación de angustia es lo que nos muestra el camino hacia la supervivencia.

●

Todos los días me decían mi mamá, mi hermano, el profesor y la gente que me conoce que ya me soltara de la pared, que yo podía hacer todo sola, que era fácil, que me relajara y que hiciera los ejercicios así, sin nada, y si lo pienso fríamente sí era fácil, solo se trataba de una distancia pequeña entre mis dedos y el concreto, pero ese centímetro cuesta días, semanas, meses de entrenar para convencerse de que se puede, de creer en las capacidades propias, de tener la confianza plena de que estar solos está bien, que no necesitamos nada para lograr lo que nos propongamos, que merecemos ese nuevo conocimiento.

Dejar la pared fue uno de los procesos más largos que he vivido. Seis meses. Parece poco, pero cuando se es consciente del tiempo, resulta una eternidad. Y aunque muchos puedan pensar que no importa el tiempo, la verdad es que sí. El tiempo nunca se recupera.

●

Después de seis meses de ir a clases de natación de lunes a viernes, a las siete de la mañana, sin faltar uno solo, lo verdaderamente difícil fue soltar la pared. Podía pararme a una distancia aproximada de metro y medio respecto de la pared y lanzarme hacia ella sin problema, porque me recibía como si tuviera dos brazos abiertos; ahí me refugiaba a salvo, en su pecho de ladrillo y cemento. Lo que no podía hacer era eso mismo hacia el lado opuesto de la alberca, pues no había nada ni nadie que me recogiera.

Quedar sola flotando en el agua, a la deriva, sin saber qué hacer con las manos, los pies y el pecho me causaba terror. Es decir, sabía lo que tenía que hacer porque repetí los ejercicios miles de veces al lado de la pared con algún flotador o junto al profesor, pero una vez que veía la pared a más de dos metros de distancia me bloqueaba y, mientras intentaba arrojarme a flotar, mi mente solamente pensaba en lo lejos que estaba de esa seguridad, en lo insoportablemente difícil que sería no poder asir nada, y entonces, en lugar de pensar en aventarme sobre el agua, flotar unos segundos, jalar mis rodillas hacia el pecho y luego las piernas con fuerza hacia el piso, los brazos hacia a los costados y abajo... solo quería agarrarme de algo...

Me hice dependiente de la pared y de los flotadores. Estos últimos sabía usarlos con muchísima pericia, desde el más seguro hasta el más inestable y entre más cercana estaba de la pared mayor era mi astucia, pero una vez sola en medio de la alberca, el pánico se apoderaba de mí.

En medio de la alberca el concreto azul majestuoso de la pared se veía lejano, terriblemente inaccesible; me hacía presentir que algo terrible iba a sucederme. Era Cthulhu llamándome hacia el fondo con sus mandíbulas abiertas. Mi mente gritaba: "¡Auxilio!". Sí, como cuando acabas de terminar una relación larga y no sabes qué hacer contigo misma.

Muchos meses estuve convenciéndome de que dejar la relación con mi ex había sido lo mejor. Salía todos los fines de semana con mis amigos tratando de recuperar el tiempo que creí haber perdido durante seis años con aquel hombre. La pasaba bien. Siempre era divertido y diferente. Después de cuatro meses creí que estaba lista para volver a intentarlo con otras personas. La cosa es que primero tenía que coquetear y salir con alguien, y en eso también fui un rotundo fracaso. Intenté salir con tres personas en diferentes momentos, pero cada vez que fui rechazada tuve recaídas con mi ex y le llamaba en la madrugada sin saber bien qué decir.

Cada que fracasé en encontrar otro prospecto pensé que en realidad no había nadie más aparte de mi ex para mí, que la vida se había acabado; me sentía vieja, fea y derrotada, como si acabara de llegar de una guerra, como si ya lo hubiera vivido todo.

Alguna vez, o quizá dos o tres o diez, le llamé fingiendo ser la persona con las intenciones más amistosas, y él contestó cortante e indiferente, así que las charlas duraron apenas unos minutos y al día siguiente yo tenía que hacer como si nada hubiera pasado para lidiar con el daño que me estaba haciendo con ese comportamiento.

Esos eran mis regresos a la pared después de intentar nadar sin ayuda de nada y haber creído que moriría ahogada, después de sentirme vencida ante la honda magnitud de la alberca. Me arriesgaba poquito, pero al sentir la profundidad contra el peso de mi cuerpo flotante volvía a la pared asustada, sin querer soltarla nunca más.

Él era mi pared y sin embargo ya no estaba ahí. Volvía a él, o mejor dicho, volvía a ser la misma chica asustada que no tenía el valor para alejarse de la pared y arrojarse con valentía sobre el agua.

A veces dejamos la pared y seguimos teniéndola de confort. Ya no está ahí, ya no la podemos tocar: no existe, se fue, adiós. Pero en nuestra mente persiste, está aún para nosotras y volvemos a ella cada que algo falla para sentir seguridad y tranquilidad, para volver a sentirnos más miserables también, para reafirmar que no servimos para nada más que para fracasar.

Dejar la pared fue un proceso largo, lento y desgastante, y esto, en comparación con la relación enfermiza, pudiera parecer incongruente, pues soltar la pared me llevó seis meses, mientras que la relación más de siete años. Si lo pienso en tiempo pareciera lo de menos, porque siete años solamente son siete vueltas de la tierra alrededor del sol, pero en realidad lo que significa es miles de momentos compartidos: peleas, alegrías, tristezas, caricias... Esa relación no me daba miedo, era algo que yo atesoraba, que cuidé con todo mi ser durante ese tiempo. El agua me daba pavor, así que el tiempo enfrentando una fobia se siente más largo.

Toda una serie de cosas compartidas pueden llegar a ser un aliciente para permanecer; pueden significar la motivación para seguir adelante aferrada a una pared, para construirla más alta, más fuerte, pintarla, resanarla… aunque esas actividades agotan, también es cierto que tenemos una tradición romántica que nos hace valorar el esfuerzo invertido y darle un significado profundo. Romper con esas ideas no es fácil ni rápido.

Yo nací de un matrimonio funcional, entiéndase por *funcional* que, aunque haya problemas, estos siempre se solucionan, por lo que con mi pared de seis años y sus múltiples dificultades yo solía pensar en soluciones. No obstante, estaba compartiendo mi idea de relación con alguien que no creía en esto, porque él venía de una familia terriblemente fracturada, de mucha violencia y dolor.

Durante años siempre creí que yo podía lograr que ambos viéramos hacia el mismo lado, no obstante, en realidad estaba sola con una pared no solo metafóricamente, sino casi literalmente hablando, porque al conversar con él no había entendimiento y mis palabras rebotaban, no entraban en unos oídos humanos, sino que se estrellaban contra un muro de concreto.

Intenté de muchas maneras que esas palabras penetraran en él, que lo hicieran entender lo que yo quería decir, y siempre creí que había una manera, alguna combinación de sílabas con la que era posible lograrlo. Hablé de una y otra manera y nunca logré que él me escuchara o tal vez lo hacía, pero quizá simplemente no le importaba. Él ya tenía sus propias concepciones de las cosas, sus propias palabras muy clavadas en sus ladrillos. No existió nunca nada que pudiera entrar en esa sólida pared que era él frente a mí cada que le dije que quería estar con él toda mi vida, que podíamos lograrlo, que podíamos solucionar cualquier inconveniente. No lo logré y me rendí. Las relaciones no son un proyecto de construcción en el que uno pueda decir: esta es mi pared, ya la construí, me pertenece.

Y, sin embargo, rendirse no siempre es igual a dejarlo. Incluso sabiendo que había perdido esa batalla no solté la pared durante mucho tiempo. Me mantuve ahí, a su lado, sin sentir calor ni comprensión, pero sí seguridad, porque las paredes son eso: una barrera que impide que lo externo o lo que hay del otro lado se nos acerque. Mi pared estaba junto a mí, aunque fría e inerte, dándome protección. Y aquí hay una paradoja, porque él ya no estaba, me dijo que quería seguir con su vida, lo cual significaba que quería seguir sin mí porque su vida no era yo; pero el simple recuerdo de todo, la idea de que él había sido un gran amor de mi vida, la persona con quien creí haber tenido algo importante, era suficiente para no soltarlo ni mental ni emocionalmente. Ya no estaba conmigo, pero seguía muy presente.

Cuando empecé con las clases de natación sentí que esa pared emocional se cristalizaba en la pared de la orilla de la alberca. Podía casi ponerle su nombre, su cara. Intentar ver siquiera hacia el otro lado de la alberca significaba no ver nada a qué asirse, no tocar nada, estar completamente sola.

Un día el instructor se puso enfrente de mí, como a dos metros de distancia, me dijo que intentara llegar a él y me lancé sin problema. "Tú puedes hacerlo perfectamente, no necesitas la pared ni el flotador ni a mí, pero en cuanto ves que estás sola dejas de creer en ti", me dijo y entonces entendí que el día que soltara la pared sería el día que dejaría esa relación que aún mantenía en mi interior con mi ex, sería el día que estar completamente sola no me daría miedo, el día que realmente aceptaría mi soledad. Y ahí inició otro proceso, uno muy estresante, porque lo que quería era soltar la pared para soltarlo a él, y eso se volvió una especie de competencia conmigo misma.

No obstante, las cosas no son así de instantáneas siempre. A veces una suelta sin soltar, a veces una no suelta todo, a veces ya soltamos y no nos dimos cuenta...

●

Esa relación enfermiza terminó porque él no quería ningún tipo de compromiso conmigo y resultaba muy confuso estar con él. Compartíamos todo y todo mundo nos veía como una pareja normal, sin embargo, él se negaba totalmente a formalizar o avanzar. Esto era muy desgastante para mí porque nunca sabía con qué contar, es decir, tenía a mi lado a alguien con quien compartir mi tiempo y mis experiencias; en él encontraba consuelo y comprensión, pero no sabía si contaba con él siempre, que no es lo mismo que *para siempre*. Yo buscaba un siempre en el presente, pero con él no sentía seguridad ni siquiera sobre el instante en que estábamos juntos. Y ni hablar del futuro, pues con él era algo a lo que yo no podía acceder. Yo nunca sabía si él iba a estar conmigo la siguiente semana o el próximo mes. Sé que eso no se tiene seguro con nadie, pero con él era muy doloroso ni siquiera poder imaginarlo. En el fondo yo sentía que él no quería estar conmigo y que en la primera oportunidad que tuviera, por ejemplo, de tener otra pareja, se iría. Eso me mantenía en un completo estado de alerta, de angustia y de depresión.

El último año que estuve con él subí ocho kilos de peso; me sentía muy insatisfecha con mi vida, sola y devaluada. Cumplí treinta y tres años y me hundía en mi propia vida, en mis propias decisiones. Recurro a la metáfora del hundimiento porque, como expliqué en otro capítulo, en situaciones en las que no tengo control siento que voy hacia abajo dentro del agua sin remedio interminablemente. Eso es lo que siento al flotar en la alberca: mi cuerpo no puede permanecer en la vertical segura del caminar, sino que me voy de cabeza, mis piernas se elevan y no hay poder humano que me rescate.

●

Algo curioso fue que, días antes de soltar la pared en la alberca tuve una recaída con mi ex. Aparentemente yo estaba bien, como si nada, y de repente, así sin más, me dieron ganas de hablar con él. Ni siquiera tenía la intención de volver a algo amoroso con él ni de hablar sobre lo pasado; simplemente recordé que con él solía hablar de todo con soltura y se me antojó eso, una simple charla. Sin embargo, él no estaba en esa disposición y la conversación se puso, más que rara, incómoda. Terminé odiándolo.

Tuve la necesidad de no tener ningún tipo de contacto o relación con él. Lo bloqueé y borré de mi teléfono. Ya había intentado hacer eso antes, pero al poco tiempo lo volvía a agregar a mis contactos, en parte porque me gustaba creer que él quería saber de mí, y en parte porque sí me daba cierta tristeza pensar en que en verdad ya no estaría en mi vida alguien que fue muy importante. De eso habla Marcel Proust en el segundo volumen de *En busca del tiempo perdido*, cuando una vez que su amada Gilberte no respondió sus cartas él reflexionó que:

> *Cuantas veces no estuve a punto de escribir o ir a decirle: 'tenga cuidado, he tomado una decisión, el paso que estoy dando es un paso supremo. Es la última vez que la veo. No tardaré en dejar de quererla'. [...] Por otro lado, por más que hubiese hablado con Gilberte, no me habría comprendido. Cuando hablamos, nos imaginamos siempre que son nuestros oídos y nuestra mente los que escuchan. Mis palabras solo habrían llegado a Gilberte desviadas, como si hubiesen tenido que atravesar la cortina movediza de una catarata antes de llegar a mi amiga, irreconocibles, devolviendo un sonido ridículo y carente de cualquier clase de sentido.*

Después de esa última conversación me di cuenta de que ya éramos dos personas diferentes de quienes estuvieron juntos, que ya no había ni disposición ni alegría en eso, que, si bien me hubiera gustado mantener el contacto y llevarme bien de alguna manera con él, ya era imposible. Y si antes, en su calidad de pared, no me hacía sentir escuchada ni comprendida, no lo haría ya jamás.

●

Casi un año después de haber terminado esa relación, conocí a un hombre en la alberca, un nadador. Lo irónico de eso es que, al igual que en la relación anterior, este hombre tampoco buscaba compromiso alguno, solo quería "pasarla bien".

Decidí alejarme, porque en mi cabeza se traducía en que de lo contrario la historia se repetiría y entonces yo volvería a pasar seis años en una relación angustiante… Pero luego reflexioné: no todas las personas son iguales ni se comportan de igual manera. Recordé que en la relación anterior siempre tuve miedo porque todo era muy inestable, yo misma no me arriesgaba a luchar por él, digamos que él había sido una alberca en la que yo solamente metía los pies por miedo a ahogarme. Entonces decidí que esta era otra alberca en la que sí me metería toda, aunque me hundiera, que iba a aprender a nadar esta vez.

No obstante, sentí que este otro hombre era una alberca muy grande para mí. Ya no era un chapoteadero como mi ex. Era una gran piscina con pisos azules, lustrosos y espectaculares, mientras yo solamente me sentía una mujercita frágil y torpe con miedo a nadar.

Desde luego que también fracasé porque el miedo no se quita así nada más. Una siempre vuelve a aquellos traumas del pasado y a la mínima señal de ahogamiento salimos de la alberca para buscar un lugar seco y seguro. Cuando tuve que lidiar con ciertas situaciones que me hacían sentir triste o insegura nunca supe bien qué hacer, así que en algún punto decidí alejarme del nadador por protección o por creer que en verdad así me salvaba de un inminente desastre.

Me quedé deseando el momento en que pudiera entrar en una piscina completamente, con miedo, pero con decisión y con firmeza.

•

También es cierto que hay relaciones que exigen que una se ahogue, que nos empujan hacia el fondo y a reconocer que, si bien se quiere nadar, no se quiere de una manera tan violenta, pues aprender a nadar no tiene nada que ver con ahogarse. Son dos cosas distintas. Hay que reconocer que a veces es preferible quedarse un rato más cerca de la pared, metiendo solo un pie o ayudándose de un flotador, pero no a empujones hacia la parte más honda de la piscina.

El nadador tenía algo de esa hondura y salir con él significaba constantes empujones hacia la nada; era una situación agresiva que me ponía al borde de un abismo en el que yo no quería meterme completamente o en el que no creí que valiera la pena meterse siquiera a intentar nadar.

●

Así como hay personas que son una pared en nuestra vida, también están las que son un flotador. Los flotadores te llevan por el ancho y largo de la alberca, te dan la impresión de que avanzas, de que estás nadando. Pero es solo una ilusión.

Con el nadador flotaba y aunque esa sensación siempre me ha asustado, con él quería seguir así; era como una burbuja en la que me sentía a salvo. Con él podía recorrer las orillas de la alberca de lado a lado, sin embargo, también es cierto que los flotadores son muy inestables porque si los empujas mucho, si te relajas, te hunden o se resbalan y caes irremediablemente al fondo mientras ellos lentamente se elevan solos y siguen flotando. Son traicioneros. A veces puedes relajarte, pero los flotadores no entienden eso, porque son flotadores y lo único que saben es flotar, no comprender, y en el momento de mayor tensión se nos van de las manos.

Flotar con él me daba mucha seguridad, pero una vez que ya se dejó la pared, lo que se quiere es avanzar. Yo ya no quería depender de un flotador, quería un verdadero nadador, no la ilusión de un nadador; quería alguien que estuviera a mi lado aprendiendo a nadar o nadando, no un flotador. No quería seguir atada a algo que solo me daba la sensación de nadar sin estar haciéndolo.

Aunque él realmente parecía un nadador, en realidad era un flotador. Uno muy agradable. Uno de los mejores. Uno que me hizo flotar muy alto. Pero yo quería nadar. Los flotadores no nadan, solamente flotan y quedan a la deriva siempre, no tienen una dirección propia, no tienen voluntad, solo se dejan llevar. También son egoístas porque no tienen una consciencia acerca de los otros, existen solo en sí mismos y para sí mismos.

Los flotadores son necesarios para una parte del entrenamiento, pues nos ayudan a avanzar poco a poco hacia el verdadero aprendizaje, pero de ninguna manera hay que quedarse con un flotador si lo que se quiere es nadar. Los flotadores solamente deben estar en nuestras manos durante un tiempo muy definido, y aunque sea difícil dejarlos se tiene que hacer.

Nadar no es fácil, y dejar el flotador da miedo; sentir el vértigo no es una sensación agradable, pero finalmente el vértigo es un aliado del nadador: hay que entregarse al vacío si por fin se quiere nadar. Hay que arrojar a un lado los flotadores para realmente encontrar en medio de la alberca a otros nadadores, porque estos son los que realmente nos acompañan en otro proceso más complejo, porque son los que sí han aprendido y quieren seguir aprendiendo.

●

Muchas frases que usamos para metaforizar procesos difíciles tienen que ver con el agua: "tocar fondo", "sentir el agua hasta el cuello", "la gota que derramó el vaso" … pero hay una palabra que, aunque muy sencilla y utilizada, me resulta especialmente significativa: "desahogarse".

No se sabe lo que es ahogarse hasta que se experimenta. No puedo decir que me he ahogado, de ser así no estaría ahora sobre mi cama, en este cuarto azul, escribiendo esto mientras escucho la voz de Brett Anderson de fondo: "*and so we drown, sir, we drown, stop taking me over*". No me he ahogado, pero estuve a punto, y es una sensación horrible, no solamente por la angustia de no poder agarrar algo para salvarme, o de no lograr poner los pies en el piso, o de creer que irremediablemente iba a morir, sino porque sentir el agua contra la nariz y la boca es espantoso. Aparte de la imposibilidad para respirar, hay un dolor que no se queda en la cara, sino que baja muy profundo, hacia el estómago, hacia los pies, como si todo adentro se inundara incontrolablemente y se deshiciera.

La oscuridad del océano y su aparente tranquilidad en la noche pareciera entrar violentamente contra nosotros, como en una violación inevitable, rompiéndonos, jalándonos hacia el fondo, hacia la muerte. Y una se inflama, siente que el cuerpo va a estallar. Y sí estallas por todas partes, en todo el cuerpo, en toda la mente. Por eso, desahogar es algo bueno, porque desahogarse es sacar toda esa pesadez, ese miedo, ese líquido violento.

Ahogarse tiene que ver con todo eso que nos ha sobrepasado, que se ha metido de manera agresiva y sin control, que está enterrándose en lo más profundo del cuerpo, así que la única manera de sacarlo es de la manera en que entró, es decir, por los ojos y por la boca: llorando y hablando o gritando.

Como todo esto lo escribí a manera de diario, y en la vida no siempre se puede tener control sobre lo que ocurre cada día, la verdad es que, pese a que tenía claras muchas cosas, también soy una fracasada en la coherencia, así que, en una intensa contradicción y debido a su insistencia, me enamoré del hombre que era flotador de tal manera que me parecía verlo brillar por las noches y si él me tocaba yo brillaba también. Pasamos uno meses juntos tan vertiginosos que me pareció toda una vida. Nos separamos por primera vez el día que le dije lo que sentía por él. Estábamos esperando un Uber a mitad de una calle, eran cerca de las diez de la noche, así que volteó a verme con incomodidad y me dijo que era mejor que dejáramos de vernos.

Inesperadamente sus dientes resplandecieron en una risa casi forzada y su camisa a rayas lució más negra y más blanca que nunca. Quizá si la gente alrededor hubiera puesto atención hubiera escuchando el sonido de mi corazón resquebrajándose. No había más que decir, solamente aceptar que ya no teníamos manera de seguir juntos.

Me subí al Uber en cuanto llegó, mientras avanzaba el carro volteé a verlo y lo vi ahí parado, triste y recto. Yo, doblada en mi asiento, me desvanecía de su vida entre las luces de la calle.

Pasé muchas noches triste, llorando desconsoladamente porque lo extrañaba, o más bien, extrañaba lo que sentí con él. Y cuando digo "muchas" en realidad me refiero a las que caben en menos de los dedos de las dos manos, que quizá no son demasiadas, pero sí muy largas cuando algo duele así. Luego entré en un estado muy extraño. Me sentía triste, lo seguía añorando, pero no podía llorar. No sentía que estuviera ahogada por dentro y eso es mucho peor porque uno se llena como de aire, pero por más que se quiere desinflar no se puede. Yo inhalaba profundamente, tratando de que al exhalar ese malestar se saliera, pero no lo lograba. En la oficina de mi trabajo era común escuchar mis suspiros, que no eran otra cosa que una manera de tratar de sacar ese vacío que traía adentro. Me quedaba siempre llena de un hueco, llena de nada. Quizá ni siquiera era aire, y si era aire era uno sin oxígeno, era irrespirable.

Un día leí por ahí, en una de esas imágenes motivacionales que suelen circular por Facebook, que cuando uno quiere olvidar a alguien, en un sentido retórico, claro, porque no hay modo de borrar a nadie, lo que se debe hacer es justo lo opuesto: recordarlo. Así que, un día, dentro de mi ocio y con el dolor de mi corazón comencé a rememorar cada uno de los días que pasé con él, detalle a detalle, y el aire poco a poco fue reemplazándose con agua. Fue como si cada beso, abrazo, roce y risa fueran haciéndose líquidos dentro de mí y me inundaran dulcemente; los sentí llenarme suavemente, mecerse dentro de mí en una ola cristalina y fuerte, sentí su espuma subir por todo el esófago; sentí náuseas y unas tremendas ganas de llorar, tan fuertes como incontenibles.

Hay mucha gente que se rehúsa a esa sensación. Hay quienes saben nadar y andan de un lado a otro en las piscinas, y sin embargo creen que se ahogarán con eso que saldrá de sus ojos. Eso siempre está ahí, no importa que a veces no lo sintamos hasta el tope. Está ahí y se tiene que aprender a dejarlo fluir, de lo contrario estaremos ahogados siempre. Hay que desahogarse.

Yo me había desahogado muchas veces con este tema; de hecho, creo que ya tenía harta a una de mis mejores amigas porque no lograba entender cómo era posible que dos personas se gustaran mucho y, sin embargo, no pudieran seguir juntas. Me lo expliqué de una y otra manera. Tuve diálogos largos con muchas personas y monólogos interminables bajo la regadera tratando de entender, de darle un sentido a la manera en que todo había terminado, y es que, aunque una parte de este ensayo iba a ser sobre nadar, a la par, el agua, por alguna razón tiene mucha relación con mis aprendizajes en las relaciones.

Desahogarme con palabras no había sido suficiente, incluso ahora que lo escribo, mientras sorbo un té verde muy frío recuerdo aquellos días de zozobra, y si me esfuerzo un poco aún puedo sentir aquella loca desesperación, la intensa ansiedad y la intempestiva confusión. Nada me ayudó realmente a sacar ese sentimiento más que el agua, más que sacarla en mi llanto, más que *desinundarme* de todo lo que tenía adentro.

●

—Nadar es como bailar un vals. Estiras un brazo, luego el otro alargado girando levemente el cuerpo, deslizándote suavemente hacia adelante, respiras y luego otra vez —dice el instructor en medio de la alberca.

—No me sale—, le digo con frustración.

—¡Insiste!

Y así como insistí cada día en perder el miedo al agua, también insistí en las relaciones. Pese a todo el miedo que tenía a volver a fracasar o a volver a sufrir, insistí un poco más con el hombre que era flotador. Admiraba su cuerpo por sobre todas las cosas. Cada relieve, cada curva, cada recta. Me fascinaba el color de su piel y su textura lechosa. Las marcas de las expresiones de su cara eran aún las de un niño. Su sonrisa hacía que yo sonriera. De arriba abajo era perfecto: parecía una raya de luz azul en la oscuridad. Amaba particularmente sus hoyuelos de Venus, justo sobre la línea vertical del jammer; ahí se formaban un par de charquitos en los que cabían las yemas de mis dedos índices. Besarlo era sumergirse en un hueco húmedo y caliente en el que flotaba y flotaba meciéndome en una ola chiquita, cada vez más furiosa y dura, cada vez más lenta y suave.

Me encantaba todo en él. Y lo admiraba también por su forma de nadar. Ágil y largo se estiraba sobre el agua, un brazo tras otro, girando levemente a un lado y otro con un ritmo pausado pero salvaje, con la boca apenas sobre la superficie para tomar aire... delgado y fuerte, se batía en una lucha feroz contra la blandura contenida en la alberca, sacando el pecho cada vez arriba, abajo, arriba. Grácil y ligero con la cara apuntando hacia el cielo, sincronizado con la punzante densidad acuosa yendo y viniendo de una orilla a otra. Se dedicaba en músculo, mente, alma y corazón a ese deporte que le había sacado la tristeza del cuerpo.

Él decía que no se quería enamorar, que tenía mucho miedo de sufrir. Tiempo después comprendí que más bien quería salir con otras mujeres. Yo no podía tener muchos miedos a la vez. Con la hidrofobia bastaba. Así que yo sí me enamoré y mucho. Y lo disfruté intensamente cada día con los momentos buenos y malos y con él aprendí a nadar de otras maneras: caminando de su brazo sobre las banquetas nocturnas del verano, besando nubes moradas y azules de tardes lluviosas, riendo como delfines a la hora de la comida o abrazados escuchando música.

Él está compuesto todo de cloro como el agua de la alberca. Su sabor y su olor, todo en él está hecho de esa sustancia. Él sobre mi piel era así: fuerte y dcsinfectante. Nunca más esa palabra volverá a tener otra descripción para mí que no sea la de ese hombre que era un flotador. Nunca más ese olor tendrá otro olor. Nunca volveré a tragar el agua de ese sabor sin su sabor.

Él siempre estaba nadando, pues su cuerpo ya no reconocía otra forma de estar en el mundo más que en un estado líquido. A la hora en que yo me metía a la alberca él iba de salida; siempre estuvimos así de descoordinados en todo, no solo en los horarios de clases, así que un día, pude ver que mientras él caminaba hacia la salida del edificio, al pasar por una pared hecha toda de vidrio texturizado, su silueta seguía siendo la del nadador: flotaba y avanzaba como si fuera una flecha sumergida, como un pez que no sabe que está adentro del agua y naturalmente sigue su nado hacia enfrente.

●

Asumí que este hombre que era flotador solo seguiría ayudándome a ejercitar, y que eso estaba bien. Quise ejercitarme otra vez, ir de un lado de la alberca al otro y disfrutar el viaje, aprender de él. No tuve miedo, me gustaba mucho y por eso me dejé llevar.

Pero luego se transformó en algo más que un flotador. Resultó ser un pantano y ahí me ahogué. Del agua una se desahoga. Del lodo no. Apariencia y nada más. Aunque los muslos, brazos y espalda del que creí un hermoso flotador parecían ser grandes y relucientes peces blancos, en el fondo todo él era un tiburón y batía las aguas dejando su sangriento miasma.

Cada una de sus palabras resultaron mentiras y una por una las descubrí todas con el dolor de mi corazón. ¿Con quién había pasado todo ese tiempo? ¿Quién era esa persona? Era tan bueno mintiendo que todas creímos que era un flotador cuando en realidad era un monstruo marino.

De esta ruptura lo más raro fue que yo no tenía nada qué extrañar porque todo había sido falso, pero aun así dolía muchísimo. Ni desahogándome con lágrimas lograba sacar todo lo que tenía adentro porque cuando el agua está sucia al salir solamente se filtra y deja toda su mugre.

Para sacar esa agua pantanosa se tiene que hacer otro proceso, pues llorar no ayuda del todo. Hay que quedarse quieta. Si un lago después de ser revuelto por una corriente se queda en calma vuelve a ser cristalino.

A pesar de que en mi interior crecía el volumen de una marisma venenosa que me hacía sentir podrida, después de unos días, en los que realmente no supe de mí, dejé de luchar. Me quedé quieta. No hice nada. Al igual que el agua de la alberca cuando nadie está nadando adentro, quedé como un vidrio transparente y frágil, viéndome, sintiéndome y limpiándome de toda la suciedad que él dejó.

●

Al quedarme inmóvil, es decir, padeciendo el duelo, durante un tiempo todo adentro se movió. Tierra, sal y suciedad se agitaban en mi interior con fuerza y velocidad; a veces se asomaban un poco en lágrimas y en palabras, pero en general permanecían adentro.

En medio de ese remolino interno supe que toda esa turbulencia no tenía solo que ver con aquel hombre, sino conmigo misma, con basura que venía cargando desde tiempo atrás y que una vez que subió el nivel del agua salió a flote.

Quedarse quieta es algo sumamente difícil. Pareciera sencillo, puesto que se cree que solo basta con sentarse y ver hacia el horizonte. La verdad es que cuando nos quedamos quietos es cuando todo lo demás se mueve y quedarse observando sin intervenir no es fácil.

Aristóteles dice que el movimiento es una de las características esenciales del alma, es decir, un objeto es inanimado porque no tiene *ánima* (que es la palabra latina que designa el alma). En ese sentido, quedar estáticos es intentar un estado inerte o incluso sentir la muerte, metafóricamente hablando. Y realmente algo de mí pereció en ese proceso.

En ese ejercicio me di cuenta de que más que tristeza sentía un profundo enojo. La tristeza es pasiva. El enojo es activo. La ira quiere actuar y en la mayoría de las veces lo hace: es la que nos obliga a buscar a la otra persona y confrontarla e incluso, en muchos casos, se convierte en un impulso por cobrar venganza.

Yo quería mantener la calma y dejar que la turbulencia interna me deshiciera y finalmente terminara. Pero no es así de simple. Pasé unas semanas terribles en las que algo en mi estómago parecía estar a punto de explotar. Me recomendaron golpear almohadas, aventar piedras desde un cerro o gritar en un lugar despoblado… Hice todo y nada funcionaba. La inminente explosión a la altura del ombligo me asustaba. Me dijeron que actividades de alto impacto me ayudarían a sacar ese enojo, que la natación no entraba en esa clasificación porque el agua amortigua y eso no me permitiría sentir el mismo efecto.

Pero en esas cosas nadie tiene la última palabra. Hice todas las recomendaciones y ninguna funcionó. Así que nadé. Cada vez pateé con más fuerza, encajé mis brazos con violencia en las lonjas de agua y avancé con la velocidad que creí que me arrancaba en jirones la ira. Y después de ese esfuerzo monumental, de batirme contra la gran serpiente cristalina, quedé en calma, lista para dejar que todo el lodo fuera asentándose lentamente.

El lodo no se sale, al parecer forma parte de nosotros. Permanece. Y lo que realmente se logra al quedar en calma es reconocerlo; siempre está ahí, listo para aparecer en cualquier revuelta y lo interesante no es eso, sino aprender a tener la disposición de sentirlo, a tener su sabor ocre en la boca cuando reaparece porque será el aviso de que hay algo por resolver; será la señal que nos avise que necesitamos otra vez poner en práctica la quietud.

Soy una experta en la escuela de la pared. Tuve una de la que aprendí todo lo que se debe saber de las paredes. Conozco cada uno de los ladrillos, del recubrimiento, de la pintura. Sé cuándo hay que poner un cuadro o una ventana para ver más allá. Sé cuándo la pared se va a caer, cuando no es sólida y sé cuándo estoy frente a una muy buena.

Quizá aquella vieja pared con la que aprendí fue una de las mejores, aun cuando fría y plana, cuando seca e infranqueable. Mi pared estuvo conmigo ahí mientras me aturdía el miedo al agua, estuvo viéndome intentarlo y regresar a ella con terror. Estuvo ahí para recogerme cuando los dientes afilados del agua se alzaron contra mi cara e intentaron devorarme. Estuve recargada en esa pared viendo al ras los triángulos puntiagudos de las pequeñas olas romperse contra mi cuerpo. Estuvo ahí para mí, para acompañarme mientras logré tener la confianza y valentía para dejarla. Ahora la veo de lejos. No la necesito, no me atrae. A veces olvido que hay una pared y solo veo agua. Antes la pared era todo, el mundo al que me agarraba con toda mi fuerza.

Aun cuando dejé lejos esa pared, y cuando ya empecé a hacer las cosas en soledad, usé muchos flotadores, porque ayudan a mejorar las técnicas, ayudan a ser conscientes de nuestros movimientos en el agua, a mejorarlos. Así, ahora tampoco quiero reprochar nada a estos en mi vida. Me sirvieron para entender cosas que una pared no permite, porque tienen más movilidad, porque ayudan a entender otro tipo de situaciones.

Dicen que se debe aprender a nadar aventándose, con la violencia del ahogamiento. Hay gente que así lo ha hecho, ese método les ha funcionado, y tal vez su vida personal también esté llena de valentía, de arrebato y de la fuerza necesaria para hacer las cosas de manera precisa en el momento requerido. Pero hay quienes tuvimos que valernos de una pared cercana o un flotador para hacer los primeros ejercicios.

●

¿Las paredes y los flotadores realmente se sueltan alguna vez? A veces siento que las personas estamos tan acostumbradas a las prótesis, que cada vez es más difícil saber cuándo se están usando y cuando no. Nuestra sociedad está tan habituada a depender de artefactos para sobrevivir día a día, para sentir algo y para darle sentido, que ya no concebimos la vida sin ellos.

Usamos artefactos para hablar, para escuchar o para sentir, y de repente, cuando no tenemos un aparato en la mano con el que podamos experimentar la vida, esta nos resulta extraña, quizá demasiado insípida o muy intensa, siempre en alguno de los extremos, porque con los dispositivos que usamos podemos modular el volumen, el color o la textura de las cosas; nos ofrecen una aparente adaptación del mundo y lo hacen más tolerable. Entonces ¿en qué momento estamos viviendo la realidad con toda su complejidad? Zygmunt Bauman habla de este mundo y sus implicaciones en la manera en que nos relacionamos actualmente, y es curiosa su alusión y comparación con lo líquido. En eso coincidimos totalmente. El amor romántico en la actualidad es acuoso y quizá por eso, al menos en mi caso, me asusta terriblemente.

La pared y el flotador están siempre en nuestro día a día, en todo lo que hacemos. Nos dan una seguridad que es adictiva. En ese sentido, las relaciones de pareja han sufrido también las consecuencias.

Nuestra era atraviesa por una crisis de entendimiento en la que no logramos conectar por más conectados que estemos a Internet y a toda la tecnología posible. Ver y tocar al otro no se siente igual como ver su foto en una red social. Nos escondemos tras una pantalla para que no nos vean como realmente somos, para que no descubran el fiasco que creemos ser y para que no nos lastimen; condiciones, todas, muy características del miedo.

Nos alejamos unos de otros porque más que entendernos queremos protegernos, porque en este mundo de pantallas negras en las que se refleja nuestra propia cara queremos ver a los otros y no a nosotros mismos.

La pared y el flotador son dos que son inertes y que son una representación de muchos de nosotros, de quienes vamos por la vida evadiendo las sensaciones, evadiendo nuestra parte humana y convirtiéndonos cada vez más en autómatas, en seres que la única conexión que logran es la eléctrica.

Hay que reconocer que es por medio de la comunidad y de los vínculos afectivos que el ser humano ha logrado grandes cosas y que ha explorado su parte más hermosa: la humana, la de los valores. El amor por el prójimo ha sido hasta ahora la salvación de todos, y su falta podría ser ahora la causa de la extinción.

●

Durante mi proceso en la alberca fue muy difícil soltar el flotador y la pared, por lo que muchas veces el instructor me pidió que primero los sostuviera y en seguida los soltara. Nunca pude hacer eso. Nunca nadie antes me enseñó a soltar. Aprendí algo de eso alguna vez y al cabo de un tiempo volví a olvidarlo.

En vez de hacer lo que sugería el instructor, preferí intentar desde cero, es decir, sin sentir algo en las manos, ni pared ni flotador. Lo mismo me ha sucedido con las parejas.

Siempre soy la que subsana cualquier problema que sucede en la relación, lo cual es muy desgastante. Una vez que tengo algo me es difícil soltarlo, prefiero repararlo. Me es más fácil si intento las cosas con las manos vacías, sin el artefacto.

Para aprender a nadar tuve que hacer los ejercicios sin flotador y sin pared para poder lograrlo, de lo contrario nunca lo hubiera hecho. Y así, cada que termino una relación, igualmente me tengo que esforzar el triple que otras personas para soltarla.

Una vez que tomo algo, se convierte en una especie de prótesis. Cambiar esto me ha llevado mucho tiempo y el proceso de aprendizaje en el agua, con sus implicaciones simbólicas, me ayudó a conocerme y aprender otras maneras de soltar.

Yo no sé qué es lo que las personas, particularmente los hombres, buscan actualmente en una relación. En el lapso de un año me costó aprender a nadar igual que me costó dejar de sufrir por los fracasos amorosos, si es que a eso se le puede llamar amoroso.

Creo que mi generación es producto de los primeros matrimonios que pasaron por divorcios y que en gran parte eso modificó la manera en que ahora compartimos nuestras vidas con los demás. Como comunidad hemos pasado de relaciones que pese a grandes abusos y una constante infelicidad se mantenían hasta la muerte, a relaciones en las que pese a la compatibilidad y la alegría persiste el miedo a quedarse. Ni una ni otra opción es la mejor. Pero tampoco podemos darnos el lujo de seguir confundidos todo el tiempo.

Me tocó vivir una parte de mi etapa adulta en un ambiente que no comprendí del todo, en el que mis ideas románticas sobre las relaciones no solamente no eran compatibles, sino obsoletas. Me avergüenza que a mi edad apenas estoy comprendiendo un poco lo terrible que es esa romantización del amor, en la que una siempre quiere solucionar, acompañar y permanecer; que no es como el miedo al agua, sino un pozo en el que nunca nadie podrá nadar porque es demasiado estrecho y oscuro. Me apena releerme y encontrar a una mujer que durante un año quiso encontrar a un nadador y en ese proceso terminó ahogándose una y otra vez… Sin embargo, de otra manera nunca hubiera aprendido ni a nadar ni a buscar otras cosas.

●

A mí nunca me gustó verme al espejo desnuda. No me gustaba ni siquiera la idea de estar desnuda. Hay algo en mi cuerpo que siempre me causó cierto miedo. Creo que a un nivel muy abstracto podía entender por qué los hombres lo deseaban; el deseo sobre mi cuerpo me asustaba desde que era niña. Cuando me crecieron los pechos me sentí desprotegida porque sabía que ellos los querrían, que yo estaba expuesta ante los hombres. Verme ante el espejo era revivir ese miedo, era enfrentar la idea de que era una persona deseable.

Además, también se despertaba en mí misma el deseo de tocarme, de apretar, de meter, de mojar. Y me educaron con la idea de que hacer esas cosas estaba mal. Desde muy niña, sin que nadie me lo hubiera dicho tácitamente, yo tenía muy claro que tocarme o explorar mi cuerpo no estaba bien, que tenía que hacer como si no estuviera ahí, como si no existiera. Irónicamente, quien descubre el cuerpo de una mujer es un hombre… o al menos así se había hecho antes. La mujer no tenía que tocarse, sino que el hombre era el primero que llegaba a descubrir esos recónditos lugares, a explorarlos y a mostrarnos las posibilidades.

Hacía muchísimos años que no me quitaba la ropa frente a una mujer que no fuera mi ginecóloga. Así que bañarme en los vestidores de la alberca sí que fue una experiencia curiosa. Pero también un reencuentro conmigo y con mi cuerpo. Si bien esa especie de odio o rechazo que sentía hacia mi propio cuerpo y su desnudez aún está ahí, aunque sea en una mínima forma, porque amarnos es un trabajo monumentalmente difícil de lograr en una cultura hecha para que fracases, al ver a las demás mujeres desnudas encontré un espejo y en ellas me acepté. Al verlas desnudas de espalda, de costado o de frente, reconocí una desnudez propia, en la que hallé un refugio. Porque si no se tiene un cuerpo ¿entonces qué se tiene? ¿qué se es? El cuerpo tendría que ser nuestro primer hogar. Nuestro cuerpo tendría que poder tocarse y verse como se ve una casa, con todas sus grietas y pelusas bajo los muebles, pero también como el lugar más conocido, el más acogedor, el más seguro.

Desde luego que tener un cuerpo de mujer en un país como México no es cosa fácil, es como tener una mansión que los hombres ven abierta y creen que pueden entrar y recostarse en la cama, cocinar, bañarse e incluso llevarse los muebles. Sí que somos mansiones, sí que tenemos entradas, pero para acceder la gente debería timbrar y esperar a ser recibidos o de lo contrario retirarse. Muchos no han aprendido esa lección esencial de civilidad y siguen visualizando la mansión abierta de par en par y siguen creyendo que es suya y que pueden usarla a su antojo. Es por eso que las mujeres pocas veces accedemos a la oportunidad de realmente conocer lo que tenemos, pareciera que esta mansión le pertenece más a los otros que a una misma.

Nuestro sexo naturalmente está escondido, así que de por sí es difícil vernos del todo, por eso también es complicado sentirnos parte de nuestro propio cuerpo sin experimentar cierto temor a descubrir eso de lo que los hombres tanto gustan. Conocer nuestro cuerpo debería ser una condición para habitarlo, como cuando se compra una casa, pues no se puede comprar una si no se han visto todas las habitaciones.

A las mujeres nos han educado con cierto asco hacia el cuerpo de las mujeres. A los fluidos, a las formas, a los olores. No nos gusta tocarnos, no nos gusta vernos en general. Por eso, ver los cuerpos de las mujeres en las regaderas de la alberca olímpica fue una experiencia maravillosa, pues lejos de hacer como que no veo, que es lo que todas suelen hacer ahí (bañarse rápido y de espaldas para fingir que no han visto nada o que no se han sentido observadas), yo las he visto, de manera discreta, con admiración, respeto y cariño. Veo en su celulitis la frustración, entre sus pliegues del abdomen la ansiedad, en su obesidad la insatisfacción, todo eso que también tengo y he padecido. Encuentro en las arrugas de las más viejas la sabiduría de los partos, de los matrimonios, de toda una vida de trabajos, y me parece casi oler sus años de conocimiento, aroma que con el agua no se puede borrar.

Ver a mi madre y a mi hermana desnudas fue una experiencia extraña, un choque que mucho tiempo pensé que no era natural ni legítimo, pero que ahora es una reconciliación con mi sangre y mis genes. Las reconozco en mi propia carne, en mis huesos y en mi piel. Somos una todas. Tan iguales, diferentes y hermosas.

●

Adentro de la alberca, tengo los goggles sobre la gorra de silicón; veo hacia el frente y la luz del sol que nace comienza a filtrarse por las ranuras del domo del lugar e iluminar el agua. La luz cae en chorros amarillos y puedo ver las líneas reflejadas en el piso como las rayas de un gran tigre fosforescente dormido.

Me coloco los goggles sobre los ojos y me arrojo sobre el agua. Nadar es una danza lenta. En el agua nuestro cuerpo cobra una nueva forma, más ligera, en la que el líquido transparente es nuestra pareja. Nos toma por la cintura y nos aprieta contra sí con fuerza, pero suavemente. Su forma toma nuestra forma. Entonces ser mujer es ser agua también.

Me gusta bailar con el agua, tomar su mano tibia y sentir cómo me lleva a su ritmo hacia arriba, hacia abajo; cómo coloca con cuidado mi cabeza sobre su hombro. Mi cuerpo se mueve lentamente entre el líquido a un ritmo imposible en la tierra. En su cristalino color, en su vitral sabor, dentro del agua se aprende a tener otras formas y tiempos. Y otros movimientos. Es un aire de vidrio que nos hace sentir de vidrio también, transparentes y frágiles.

Nadar es un baile que requiere que reconozcamos nuestro cuerpo y lo abracemos con cariño, con suavidad. Y cuando lo logramos vamos tranquilas dejándonos llevar, como en el acto de amor más tierno. Nadie nos cuida igual.

Me muevo despacio entre sus brazos de seda y sé que todo está bien. Toca mi piel con sus dedos húmedos y no me hace daño, entra en mí con todo su ser y sale de mí nuevamente con la misma forma, pero con mi sabor, con mi color. Me siento protegida, aunque soy mujer y las mujeres nunca lo estamos.

En el agua encontré una alianza que afirma mi ser como mujer como delicadeza, pero también como fuerza, potencia y alegría en un eterno descubrimiento. Estoy inmersa en mi propio interior, en mi propia forma.

En el asiento trasero

Hay gente que se mete a una alberca por primera vez y a los treinta minutos logra nadar. Yo vi a muchos llegar sin tener idea de nada y después de unos instantes ya eran unos tritones. Curiosamente, estos solían ser también quienes después de dos semanas no volvían porque ya habían aprendido lo que se habían propuesto. Vi a mucha gente pasar de cero a algún número en la escala de natación; literalmente los vi pasar a un lado mío nadando como pececillos, tranquilos y a la vez altaneros, y también vi que no volvieron a las clases.

En mi proceso pasé por el momento de sentir que solamente yo era incapaz de lograrlo. Desde luego que este pensamiento nació de lo más profundo de mi ser porque me he acostumbrado a la competencia. La he normalizado. Quizá el hecho de convivir a diario con miles de personas en el mundo me hace creer que entre todos hay una meta a la que solo algunos pueden llegar, mientras que aquellos que se quedan atrás son fracasados.

Hay una idea de homogeneización humana en la que creemos que se nos exige ser iguales a los demás y tener las mismas capacidades o logros. Pero la verdad es que, aunque tengamos las mismas capacidades, cada quien las desarrolla a su propia manera y en su propia conveniencia.

Me costó aceptarlo, sobre todo porque yo, siendo una mujer de más de treinta años, me sentía una inútil cuando niños, adolescentes y ancianos me rebasaron una y mil veces. No porque considere que en esas edades no se puedan lograr metas, sino porque, en teoría, mi cuerpo está en una de las etapas en de mayor vitalidad y perspicacia. Hubo muchos impulsos en mí de destruir sus carreras metiéndoles el pie o soltándoles una que otra patada o manotazo "accidental" al desear que ellos tampoco lo lograran. La competencia puede llegar a despertar la frustración y la envidia más vil en los que somos menos afortunados. No obstante, no tuve de otra más que aceptar que no había mucho qué hacer al respecto, solo seguir trabajando.

Mi verdadera competencia siempre ha estado en mi cabeza y es una lucha interna contra mí, contra mis propios propósitos y miedos, contra mis tiempos y mis prejuicios. Es una lucha contra la desesperación que me provocan las expectativas de los demás sobre mí y lo que mi realidad me exige. Creo que se trata más de luchar contra la idea de la competencia externa y enfocarse en la autocomprensión de las limitantes propias.

Muchas veces mi mamá y mis hermanos me presionaron de una y mil formas para que hiciera las cosas, se acercaron a mí y me pidieron que hiciera tal o cual ejercicio en el agua, me insistían en que no era difícil, que podía lograrlo y que solo bastaba con proponérmelo. La verdad es que sí es fácil y a la vez no. No es difícil hacerles caso, lo difícil es que por traicionarse y querer cumplir las expectativas de otros terminamos jodiendo el proceso personal.

Ahora creo que se trata de asumir la experiencia como algo que no se puede compartir con los demás, que es algo único y verdaderamente íntimo, y que vale la pena poner atención en cada mínimo detalle; podemos ir paso a paso, aunque todo el mundo ya vaya corriendo. Es una tarea ardua y requiere de mucha constancia y disciplina.

A mí me costó mucho aprender a no escuchar las exigencias de mi mamá o de mi hermana, incluso llegaron a reírse de mis miedos o angustias, las minimizaron. Me despertaron sentimientos de mucha frustración que yo no tenía hacia mí, sino que aparecieron por sus comentarios.

Una vez el instructor me dijo: "es que tú te presionas mucho porque ves a los demás y quisieras ser como ellos, por tu mamá y tus hermanos, pero tú vas de menos a más". Me explicó que, por ejemplo, a mi hermano le gusta mucho nadar y se desespera por aprender más y más, quiere pasar de una técnica a otra sin haber dominado ninguna realmente; me dijo que yo iba muy lenta, pero con paso firme y que como todo me estaba costando mucho, por fuerza tendría que dominarlo. Me dijo que hay mucha gente que aprende rápido y al creer que ya lo saben no regresan a clases y al poco tiempo olvidan todo. Desde luego que él era condescendiente conmigo, no dudo que lo dijera solo para que no desertara, quizá por razones que nada tenían que ver con mi proceso, sino con el suyo, pero esa es otra historia. Yo podría decir que todo lo que él me decía era mierda y que la verdad es que yo soy una tonta que si no lograba nadar era por mensa, porque a final de cuentas eso es lo que sentía al hablar con mi familia al respecto. Pero en este caso no me convenía creer en las palabras de mis parientes. La verdad es que si les hubiera hecho caso aún no lograría nadar, sino que estaría atorada en medio de la presión de hacer miles de cosas para impresionarlos sin lograr hacer realmente nada. Decidí escuchar al instructor porque en sus palabras encontré consuelo, sí, pero también una verdad empíricamente comprobable.

Mientras yo rara vez falté a una sesión, pese a mi miedo y mis debilidades, los que ya saben nadar se dan sus días para dormir un poco más o para llegar tarde y hacer mal los ejercicios. Yo, cada movimiento que hice, lo hice con temor hasta que en mis músculos se quedó bien grabada la sensación, al grado de que lo poco o mucho que avancé lo hice a conciencia no solamente mental, sino emocional.

●

Haruki Murakami dice que una de las cosas más difíciles de encontrar es un buen maestro de natación, y lo dice porque para él fue una misión casi imposible en sus intentos por mejorar su técnica de crol para competir en un triatlón. Lo cierto es que, para aquellos que no tenemos ni idea de lo que es nadar, cualquiera que se disponga a ayudarnos es bueno. Y, sin embargo, aun así puedo decir que tuve muy malos maestros.

El primero lo tuve solo por un día, porque fue cuando inició el ciclo escolar, por así decirlo, en esa alberca, así que nadie sabía bien a bien qué hacer. Ni siquiera sé cómo se llama. Él fue quien me enseñó la técnica para flotar, la cual al sábado siguiente no pude volver a hacer.

Luego vino una maestra que era muy paciente y siempre sonriente, pero poco exigente, así que, si yo decía que no podía hacer tal o cual ejercicio, me decía que estaba bien, que intentara otra cosa más fácil y que poco a poco lograría algo. Lo cierto es que con ella sentí que no avancé, sino por el contrario, cada vez se acentuaba más mi miedo, dado que muchos de los ejercicios los hice mal y eso resultaba en que terminaba tragando agua y con la sensación de ahogamiento.

Cuando me cambié a las clases diarias, tuve un maestro la primera semana. Él era nuevo en esa alberca y sus instrucciones eran difíciles de entender. Yo he impartido clases muchos años de mi vida profesional y si algo sé respecto de estar frente a un grupo y de dar indicaciones es que no se puede pasar de una actividad a otra si la primera no ha sido concluida. Pues él cambiaba de actividades incluso al momento de dar las instrucciones. Primero decía que había que hacer equis cosa y a mitad de la frase cambiaba de idea y pedía hacer otra actividad. Además, se le sentía nervioso, como asustado o no sé. La cosa es que como yo no podía ni flotar, lo único que me pidió hacer durante cinco días seguidos fue flotar en una esquina de la alberca, ya fuera agarrada de la pared o de algún flotador. Sé que fui una pésima alumna, y, como muchas cosas no las podía hacer, me tardaba muchísimo. Pero también tengo que reconocer que intenté agradar y no quedar mal, así que cuando lo veía venir siempre trataba de darlo todo dentro de mis posibilidades; cada que se acercaba a mí me esforzaba por ser la mejor flotadora del mundo, pero cuando me ponía en pie para ver si me había ganado su aprobación solo me tocaba verlo diez metros más allá de mí supervisando a los otros alumnos, los que sí podían flotar y hacer los ejercicios sin problema.

Al cuarto día estaba muy desanimada y pensé en no volver, que es lo que siempre he pensado en este proceso cuando las cosas no van bien. Yo sentía la total responsabilidad de todo; creía que si no podía flotar era por inútil, por ser una persona con un déficit de inteligencia y porque no había remedio para mi mal. Por azares del destino, el quinto día regresé a la alberca, a la esquina de siempre, a tratar de flotar durante una hora. Y es que, nadie me cree, pero juro que daba todo de mí para lograr esa sencilla tarea, y era muy frustrante que el instructor siempre me decía que mis pies seguían casi en el piso. Aunque muchas veces sentí que mis pies estaban sobre la superficie del agua, ahora sé que eso es imposible porque, por el pavor que tenía, arqueaba mucho mi espalda y caderas, las mantenía tensas y eso me dejaba anclada al suelo. Así que, ese día, de repente, de la nada, otro instructor me pidió que me acercara a él.

Él me dijo que me ayudaría, que no importaba cuánto tardara, que lo lograría, y me pidió que a partir de ese día las clases las tomara con él. No sé si hubo problemas en el sistema jerárquico de la alberca municipal o qué y no sé si hubo problemas con los otros instructores, lo único que sé es que, con él, aunque tardé meses en soltar el flotador, lo logré. Ha sido mi instructor en todo este proceso, excepto cuando ha tomado vacaciones. Sus palabras se me han quedado muy grabadas: "tú puedes eso y más". Siempre he renegado de esas frases de superación personal, me parecen facilonas y muy hechas, sin embargo, cuando se pasa por momentos oscuros, como los que yo tuve bajo el agua o sobre el agua, se sienten mucho, se experimentan y calan muy muy muy hondo de la alberca…

Luego de esta experiencia, también ha cambiado la manera en que trato a mis alumnos, pues he comprendido que todos tienen diferentes ritmos y tiempos de aprendizaje, y que ninguno es mejor que otro.

●

Primeros 50 metros de crol y el coach me pide que eleve más las piernas, "casi no estás flotando", me dice. "Eleva más las piernas y la cadera", me insiste luego de cuarenta minutos. Según yo estoy dando todo en la alberca, me esfuerzo, y de regreso a donde él está pataleo y braceo con una fuerza descomunal... Demasiado tarde, lo veo que se aleja caminando hacia los vestidores con sus cosas en las manos. "Ya valió", pienso, mientras resignada sigo haciendo el ejercicio, el que finalizo justo frente a él. Adentro del agua, el coach es más persistente y, por alguna razón, todo me queda más claro. Persevero. Lo logró. Mis piernas son como dos troncos sobre la transparente sábana acuosa. Quisiera abrazar a mi coach, pero no, eso de andar con casi nada de ropa haciendo ejercicio no se presta para muestras emotivas. Una hora después llego a dar clases de literatura al salón donde un muchachito nunca me pone atención. Recuerdo a mi coach. Pero aquí no puedo cambiarme y meterme al agua donde está este joven para que estemos en el mismo nivel. Les pido que nos coloquemos en círculo. Me siento a un lado de este niño, les cuento un par de anécdotas. Se ríe. Y así es como la natación sigue siendo mi gran maestra de vida.

●

Estuve tratando de hacer unos ejercicios en la alberca en los que resulté un fiasco. Mi compañera de carril, con la que no suelo hablar mucho, se acercó y me preguntó si me gusta nadar. Le respondí que no. "¿Entonces por qué vienes?" Me encogí de hombros y seguí tratando. Más tarde, el instructor que cubría las vacaciones de mi instructor de siempre, al ver que no lo lograba, me cuestionó cuál es mi meta ahí: "¿qué es lo que quieres de estas clases?" Le contesté que no morir ahogada, porque fue lo primero que pensé. Por el gesto que vi en su cara creo que le pareció una tontería. Ambas preguntas se quedaron en mi cabeza el resto de la tarde. ¿Por qué hacemos lo que hacemos? ¿Hay en todo un amor descomunal que se derrite entre actividad y actividad? ¿Todas las acciones que llevamos a cabo deben tener una meta y, por ende, una medalla para calificarla? Cuando comenzó a anochecer, al disponerme a escribir, desde la habitación donde está mi escritorio, las luces de las ventanas de las casas contiguas alumbraron mis ideas: por supuesto que no me gusta nadar, pero me gusta aprender; por supuesto que tengo metas, pero no son las que el instructor espera de mí. Separarme de las expectativas de los demás no siempre me resulta fácil, pero últimamente casi siempre lo logro. ¿Esperaban por fin mi renuncia a la natación? Oh, lamento decepcionar al instructor y a los compañeros de carril, pero, a esta, su pobre ensayista, le faltan muchos fracasos aún en el agua.

💧

El día que logré soltar la pared y los flotadores fue un día extraño, porque para mí fue la competencia mundial, el gran paso que tenía que dar para llegar a algún otro lugar después de meses de intentarlo. No obstante, mi hermano se acercó a mí y, yo, en mi ingenua emoción, le pedí que viera mi nueva habilidad, y su reacción inmediata fue poner una cara como de risa contenida; me dijo que no era por demeritar lo que había logrado, pero que me faltaba flotar más, que tenía los pies muy abajo, que no pataleaba fuerte, que no duraba mucho tiempo bajo el agua. En ese momento quise ponerme a llorar de frustración, pero a la vez decidí que era mi triunfo, mediocre o no, pero era mío y me había costado muchísimo llegar ahí, eso nadie me lo podía quitar.

El mismo día mi mamá me dijo que a partir de ese momento tenía que emparejarme con todos, que de ahí a tope sin estar pensando en ir poco a poco, que ya hiciera todo rápido. Me hubiera gustado tomar su consejo como algo acertado, pero conociendo mi proceso supe que eso no iba a ser posible, y no por falta de voluntad, sino porque el miedo al agua seguía ahí y esa no soy yo, no soy la que aprende rápido en el agua, y, aunque me gustaría tener prisa en aprender las cosas para emparejarme con el resto de los nadadores, no tengo esa capacidad debido a todo lo que me cuesta estar en la alberca. Mi tiempo tiene otro ritmo y me conozco; a partir de este proceso me he conocido de otra manera y sé que no va conmigo eso de demostrar a nadie nada. Mi vida se ha tratado de ser lenta en unas cosas, de conocer e interiorizar cada paso para seguir dándolo con certeza. También he sido impulsiva en otras, arrojándome sin medir consecuencias, por lo que a veces, gracias a una milagrosa suerte, han salido las cosas maravillosamente exitosas, pero casi siempre más bien como un estrepitoso fracaso. Lo lenta o impulsiva depende de qué tan segura me siento y en el agua no era posible.

En el proceso de aprender a nadar supe necesitaba ir despacio, con calma y con mucho cuidado. No quería volver a perder el equilibrio y que por algún paso infortunado volviera la extrema hidrofobia. Quería ir con pasos seguros sobre mis pasos dados. Decidí que, aunque todo mundo pensara que tengo un problema de aprendizaje o algo así, yo quería ir lento.

En algún momento creí que los demás instructores me veían como una persona incapaz, que habían perdido la fe o que quizá habían hecho una quiniela entre ellos para ver en cuánto tiempo me rendía. Lo creí porque era inevitable notar unas miradas muy concretas sobre mí y verlos hablar entre sí. Llegué a sentirme el mito de la alberca, porque sentía que todo mundo estaba al pendiente de mi avance, que yo era "la que no podía nadar", "la que llevaba meses y nada", "la miedosa"... y sí lo era, yo era todas esas cosas y a la vez solamente yo misma. Y muchas veces quise demostrarles a todos que era más que eso. Pero en ese querer demostrar hay un vicio muy rancio y amargo. Yo no podía demostrar a los demás algo que no me estaba demostrando a mí misma.

●

Aprender a nadar es aprender a ver hacia al frente y no hacia los lados. Porque ver hacia adelante es ver el camino propio, que está lleno de pequeñas olas rizadas y azules; ver los cincuenta metros restantes, concentrarse en lo que se necesita para llegar ahí: los brazos al frente, las piernas horizontales y estiradas como bailarina de ballet, las caderas arriba, la espalda recta, la respiración tranquila, los hombros relajados y la cabeza... ¡ay, la cabeza por debajo del agua!

Ver al frente es ver solo en dirección de lo propio: lo que se tiene y lo que se quiere lograr. Ver hacia los lados es medirse, compararse y aceptar lo que los demás tienen que decir sobre una como una verdad.

Es cierto que siempre es bueno escuchar las críticas, entender las correcciones, pero eso se hace después de dominarse a sí mismo. Es imprescindible tener conciencia de que no estamos solos, que hay otros mejores y más capaces, pero también hay que darse cuenta de que en la vida hay dos competencias: una en la que estamos solos y otra en la que estamos junto a muchos; la primera es la más importante porque es en la que vamos a aprender a entender la segunda.

⧫

Mi hermana es catorce años menor que yo; heredó de mis padres los rasgos más bonitos. Es mucho más inteligente porque, aparte de todo, tiene la ventaja de haber crecido en un mundo en el que el acceso a la información es mucho más eficaz; se desarrolló en una época de la familia mucho más sana e integrada que la que a mí me tocó, que fue una llena de conflictos, pobreza y depresión.

Ella demuestra mucha más seguridad en su forma de ser y de llevar su vida. Ha tenido mejores experiencias en el amor y en la escuela. Entramos juntas el mismo día a las clases de natación. Luego yo comencé a ir diario, mientras que ella siguió yendo solamente los sábados, y aun así, rápido me rebasó. Un día, que por azares del destino yo también estaba en la alberca, al verla lograr todo lo que se propuso lloré amargamente adentro de los goggles. Así es, sentí mucha envidia más que admiración. Eso me frustró tanto que no logré concentrarme más en lo que debía hacer y me salí a media clase.

Cuando íbamos en el coche rumbo a casa, ambas íbamos en el asiento trasero y ella no paraba de reír y de decir lo maravilloso que era todo y lo genial que se sentía haberlo logrado, que se había dado cuenta de que no hay límites para nada, que sus capacidades son inmensas y que todo es posible en la vida si te lo propones, que de ahora en adelante nunca más se iba a rendir en nada. Iba sentada junto a mí en el asiento trasero y yo solo quería arrojarle justo en la cara la botella de shampoo que traía en las manos.

Desde luego que ella estaba en su derecho de festejar y sentirse lo máximo. Lo que me molestaba en ese momento no era ese hecho en sí, sino darme cuenta de todas las veces que he estado compartiendo el asiento trasero de la vida con gente evidentemente más talentosa que yo.

Después, en un intento de aminorar mi frustración, me burlé de mí misma diciendo con ironía que quizá yo en un par de años lograría al fin nadar sin problema, y ella dijo: “Ay no, qué flojera. Todo el tiempo que estás perdiendo”. Fue una frase que resonó con alarma en mi cabeza, porque, vamos, tengo más de treinta años, no me he casado porque soy un fiasco en las relaciones de pareja, me gustaría tener al menos un hijo, pero el reloj biológico me está presionando y tuve que volver a vivir con mis padres porque mis finanzas no son las mejores… En efecto, estaba perdiendo mucho tiempo, se me estaba yendo la vida en nada… ¿en nada?, ¿en nadar? ¿Y qué hay de estos esfuerzos, de estas peleas diarias?, ¿qué de que sigo buscando el amor en mí?, ¿qué de que creo que es preferible no tener hijos a tenerlos en condiciones que no convienen?, ¿qué de levantarse todos los días a pelear contra una fobia y contra las derrotas y persistir?, ¿qué de los pequeños logros que he alcanzado? Más importante aún: ¿qué parte de mi tiempo le pertenece a los demás como para que me presionen por eso?

Finalmente, sin quererlo o sin ser consciente de eso, debo confesar que yo estaba compitiendo siempre con mi hermana al ver en ella cualidades que yo no tengo. Era una competencia sin tiempo y sin medallas, pero muy real, porque en ella me medía constantemente, al grado de que no lograba rebasarla pese a ser mayor que ella. Nunca iba a poder contra eso, contra la diferencia de circunstancias. Me pareció verla junto a mí como un monumento sólido al que había que rendirle tributo, el pilar de la existencia. Y yo desde abajo la contemplaba como una figura inquebrantable, a la que jamás podría imitar siquiera.

Esta es la peor competencia, en la que una no se ve a sí misma, si no al otro y solamente al otro: sus cualidades, destrezas y capacidades. En la que lo propio lo vemos como algo insignificante, falto de gracia y de mérito. Al hacer esto, la competencia es una pérdida en sí y por lo tanto es inútil, una competencia en la que desde el inicio hemos sido derrotados.

Tuve que verme completa ahí, en el asiento trasero del coche, con mi cuerpo menos joven, con más peso, arrugas y malas decisiones, con una vida de muchos fracasos, sin ser una hermana admirable. Mi vida no era ni es perfecta y había muchas cosas que quería cambiar en ese momento, me sentía perdida e incomprendida, pero de algo estaba segura: todo eso era completamente mío, rechazarlo era rechazarme, era darme por vencida y la verdad es que seguía de pie en la alberca, muy de pie, asustada, pero sin desistir. Y si nadie más lo podía ver estaba bien. Yo sí tenía que verlo, era momento de visibilizarme, de observarme luchando y dando batalla. Ese momento fue cuando gané mi propia competencia, no contra mi hermana, sino contra la incapacidad que había tenido hasta ese entonces de valorar mi proceso.

En ese momento decidí que justamente era mi tiempo y yo me merecía vivirlo aun cuando para los demás fuera una pérdida, incluso cuando a ojos de los otros significara una tontería o la forma incorrecta de vivirlo. El tiempo ha sido mi tiempo, y el que he perdido nunca lo voy a recuperar, por eso tengo que ser muy consciente de cómo lo uso en adelante. Elijo poner el énfasis en el uso y no en la pérdida.

♦

La mayoría de las competencias tienen que ver con quién hace las cosas en el menor tiempo. Para competir generalmente hay que ir contra reloj. Al competir, el tiempo no es nuestro aliado, sino un enemigo a vencer. El problema es que se trata de algo sumamente abstracto, por ejemplo, yo no logro entender que mi vida se esté acabando porque se están agotando los minutos. Es algo que, aunque medible, es incuantificable. Para vivir y para competir nos han enseñado a ir contra reloj, siendo muy conscientes de la rapidez. Pero en este momento quiero detenerme. No quiero ganar a nada ni a nadie. Quiero vivirlo. Tengo que reconocer que siempre habrá alguien mejor que yo y que está bien, aunque en el momento no se sienta así. Hay que aprender también a tener paciencia y calma, es lo que nos salva ante las comparaciones de las competencias diarias.

♦

¿Y qué es nadar respecto de muchas otras cosas que sí he logrado en la vida? A veces me pregunto esto y no entiendo cómo es que puede haber semejante contraste en mi vida. No sé si ante un estrado lleno de gente de todos los países y de todas las condiciones sociales yo podría decir que soy la persona más exitosa, pero sí puedo decir que soy una persona exitosa. He llevado mi vida por donde mejor me han convenido y, con certidumbre, puedo decir que son los mejores caminos que pude haber tomado, los que me han dado la felicidad posible. El problema es que, ante ciertas personas, no cumplo con las expectativas.

Si a mi familia le preguntan si soy una persona exitosa, seguro dirían que sí, aunque pusieran un enorme *pero* enseguida. Esa conjunción adversativa es la natación en este momento, como en otro puede ser otra cosa. En este momento de mi vida, el que yo no sepa nadar es un gran *pero* que otros pueden anteponerme para sentir cierta superioridad sobre mí. El problema no es ese, sino que a partir de ello perdemos la mirada sobre nosotros y comenzamos a vernos como creemos que los demás nos ven. A final de cuentas, ese es un supuesto que también tiene que ver con el juicio que una hace de sí secretamente y lo adjudicamos a los demás para no hacerlo de forma directa.

Yo a veces he sentido que mi familia ha llegado a ser un ancla que me jala hacia lo profundo de la alberca cuando siento que por fin estoy llegando a la superficie, que no me deja aprender a nadar. Pero quizá solamente se trata de esta interpretación vana, dramática y subjetiva de lo que pienso que ellos piensan de mí. También tratar de dejar de hacer esa interpretación y verme lo más objetivamente posible es una competencia muy agotadora.

Soy una mujer fuerte, honesta y talentosa. Esto se tiene que reconocer primero y luego hacerlo con convicción. Esa es una manera de empujarse hacia el centro de la alberca con la certeza de que, pase lo que pase, no nos hundiremos, que tenemos el control sobre nuestro cuerpo sobre el agua. Que los demás no existen en ese espeluznante momento en que el agua se mete por todas las orillas de nuestro cuerpo.

●

Cuando finalmente creí que comenzaba el verdadero proceso de nadar, tuve que faltar a las clases durante una semana. Al regresar me sentía confundida, porque por falta de práctica me resultaba difícil volver a soltar el flotador y cuando hacía las cosas sin este me salían mal. Estaba en una etapa intermedia y muy rara entre no saber nadar y saber nadar. No estaba ni en una ni en otra. No me podía acoplar en ningún grupo y en el lugar que estaba me sentía sumamente incómoda.

Mientras trataba de hacer algunos ejercicios, nuevamente volvió a mí la derrota; pensé que había retrocedido, que iba a ser súper difícil, que ya estaba cansada de eso y otra vez quise renunciar. Recuerdo que pasé la última media hora de la clase viendo el reloj sobre la pared, con ansia de que ya terminara esa tortura. Ese día mi instructor faltó, así que era doblemente incómodo todo.

Volvió la sensación abrumadora de la derrota como en un eterno ciclo. Si bien es cierto que, así como para aprender a nadar hay que familiarizarse con el agua para perder el miedo, también lo es que hay que hacer amistad con el fracaso para no temerle. Así que, otra vez, como al inicio, como a medio proceso y como siempre en la vida, volví y volví y volví, y cada que lo hice me volví a sentir derrotada una y otra vez hasta que me pareció natural el fracaso, no así un objetivo.

Mi meta siempre ha sido muy clara: aprender. No tengo otra más en esa alberca. Cualquier otra cosa que ocurra que me aporte felicidad ahí es ganancia, pero en primera instancia lo que yo quiero es aprender y si para eso hay que fracasar muchas veces, así será. Eso ya lo tengo bien entendido.

He aprendido a tomarme de la mano, a regañarme cuando ha sido necesario y, sobre todo, a comprenderme, a cuidarme y a ser mi propia alentadora. Soy una persona que difícilmente se rinde ante algo, sé que, si una intenta y es constante en ello, ya está triunfando. Por más que este párrafo suene a frase motivacional, no encuentro una mejor forma de explicar la sensación que va apareciendo en el cuerpo, que lo va marcando de seguridad cada vez que las cosas se logran hacer con menor dificultad. Cada que hay un avance, por más pequeño que sea, el cuerpo lo reconoce y lo celebra y la mente se llena de nuevos bríos.

●

Justo cuando creía que estaba logrando nadar como una persona normal, mientras sentía que por fin había alcanzado la meta que me propuse hace tres años, un nuevo coach se acercó y, luego de observarme y pedirme hacer una serie de ejercicios, diagnosticó que debía empezar desde el inicio. No es una metáfora ni una hipérbole. La siguiente clase la tuve en el chapoteadero. Así es, mis queridos y respetables lectores, yo, una mujer de casi cuarenta años, con doctorado y otros logros admirables en la vida, en la natación no logro nunca dar el ancho. Y heme ahí, siendo la única en todo el edificio parada en una alberca cuya agua me llega abajo de la cintura, volviendo a comenzar por milésima vez mi intento por aprender a nadar. Fue vergonzoso y desalentador, y aún ni siquiera siento que haya funcionado del todo. Pero siempre aprendo algo, aunque no tenga que ver con nadar, y en ese lugar, que ni los niños usan, entendí que estoy en un momento de retroceder, no solo en la alberca, sino en la vida. Y eso no significa fracaso, sino introspección. A veces es necesario dar unos pasos atrás para ver bien el panorama, observar los errores y enmendarlos. Ahora como nunca siento necesario un lugar no tan profundo para ejercitar la confianza en mí y para quizás, pronto, verdaderamente avanzar, de lo contrario la vida dejaría de ser para mí una alberca, y todo seguirá siendo un chapoteadero. Necesitaba sentirme en toda mi proporción: muy grande en tan poca agua.

●

Neil Gaiman hizo su propio programa de televisión en el que da tips a todos aquellos que quieren ser famosos escribiendo. Pero no le crean a Neil Gaiman. Escribir no es tan fácil como seguir una serie de pasos. Se requiere leer mucha literatura y escribir todos los días, y para hacer eso se tiene que estructurar y restructurar el caos en la cabeza, a la par de que se toman notas, que son ideas que vienen a la mente en los momentos menos adecuados, por ejemplo, en la madrugada, a medio sueño, y una aprende a despertar y siempre tener un lápiz y libreta a la mano, o al menos el celular para grabarse diciendo cosas que al día siguiente se tendrán que descifrar.

Después habrá miles de notas por todas partes por organizar. Una vez terminado el texto, se corrige incesantemente hasta que nos gusta el resultado, lo cual muy pocas veces ocurre y una se siente derrotada, y se llora mucho y se duerme poco, y después una dice: "esto es lo mejor que pude hacer por ahora" y el ingrato oficio nos hace ver que no es suficiente. Entonces hay que volver a empezar...

Yo creo que más que escribir algo creativo, primero se aprende a lidiar con una misma con mucha disciplina y eso cada quien lo aprende a su manera. Y esto lo entendí en mi competencia personal por aprender a nadar.

●

El año que cumplí los treinta fue el año en que se llevaron a cabo las últimas olimpiadas en las que participó Michael Phelps, Río de Janeiro 2016, en las que él había anunciado su retiro definitivo. Phelps y yo tenemos la misma edad. En ese momento pensé: "qué diablos, con esta edad ya ha ganado veintitrés medallas de oro, ¿y yo?, ¿qué he hecho de mi vida?". Mientras lo veía competir en el estilo de mariposa, una de sus especialidades, cuando logró un tiempo récord, también pensé que nunca en la vida he tenido esa sensación, la de un triunfo tan avasallador. ¿Qué se sentirá? ¿Qué es el éxito en ese sentido? ¿Qué se siente tener el reconocimiento mundial? ¿Qué se siente luchar tanto por lograr algo y convertirte en el mejor y además ser alabado por eso? ¿Qué ha de sentirse tener esa emoción de llegar primero a la meta sabiendo que eres el mejor?

Sentí muchos celos porque sé que quiero sentir eso alguna vez en la vida, esa sensación que creo que es arrebatadora, que quizá nos hace enloquecer por unos segundos, que nos aturde y nos quita la razón. Qué envidia me dio no haber sentido nunca algo así. Alguna vez, Javier Acosta, que fue mi maestro de poesía, en una sesión de un taller literario contó que leyó alguna frase que ahora no recuerdo de E. E. Cummings acerca del placer poético al escribir, y que se impresionó tanto, que supo que quería llegar a eso, a sentir lo que Cummings decía. En otra ocasión, un amigo me dijo que alguien le dijo que el amor más fuerte y profundo es el que se tiene por un hijo, y que eso le pareció una revelación tan potente, que ahí fue cuando supo que tenía que ser padre algún día, porque quería saber lo que se sentía eso.

Si lo pensamos fríamente, llegar a esa emoción por la vía del deporte quizá sea de las cosas más fáciles, porque, aunque requiere un trabajo y una disciplina bestial, que desde luego no todos están dispuestos a llevar a cabo, con perseverancia lo lograrán. Quienes practicamos el deporte sin esos afanes de competencia, generalmente también planeamos tener esa experiencia en otros ámbitos de la vida, en mi caso en la escritura.

¿Qué se siente recibir el premio Nobel de Literatura, por ejemplo? ¿Si alguna vez lo recibo podré decir "hasta aquí llegué"?, ¿no hay más? De ser así, qué triste. Debe ser muy deprimente tener un tope, un límite, llegar a él y contemplar el abismo de la nada, como "El caminante sobre el mar de nubes" de Caspar David Friedrich. Para mí ese no es el éxito. Seguro que para Phelps tampoco, porque durante los juegos de Londres del 2012 le vino una fuerte depresión, pese a que en esas olimpiadas le había ido muy bien. Lo suspendieron luego de que fue sorprendido manejando en estado de ebriedad, y después se supo que había estado consumiendo drogas. No debe ser fácil llegar a la meta y no tener otra más allá. Al menos eso pensé que pudo ocurrirle al medallista.

El éxito da miedo, quizá por eso muchos lo postergamos toda la vida, quizá por eso muchos nunca llegan, porque quizá debe permanecer siempre el deseo inalcanzable de llegar a una meta. Yo he pensado que después de aprender a nadar voy a proponerme aprender otra cosa, porque aprender se hace una adicción; aún no sé qué sería, pero sí sé que quiero un nuevo reto, aunque sea de corto plazo.

También he pensado que por eso me gusta escribir, porque en la escritura hay metas, claro, el Nobel es una de ellas, pero más allá de eso, en la escritura las posibilidades de un éxito como lo conocemos comúnmente, es decir, con reflectores y oro de por medio, es algo muy poco común, pero sí que se aprende siempre algo nuevo al escribir, nuevas técnicas, nuevos mundos, otros lenguajes, y eso ya es también tener otros triunfos. Desde luego que en la natación se puede proponer siempre hacer mejores tiempos, ganar más medallas, superar a otros, no obstante, es algo que después de que se logra siempre dejaría un vacío que se seguiría buscando en la superación del deporte en sí mismo. Pero en la escritura más que metas y reconocimientos, las ganancias son muy sutiles e íntimas: un párrafo escrito con cohesión, un verso brillante, una imagen nítida. No son los grandes premios, pero sí que se sienten así en su momento.

Me es más fácil no sentir la competencia en la escritura, aun cuando hay escritores y escritoras a los cuales admiro y ante los que me siento tan pequeña e insignificante; puedo manejar eso porque sé que haga lo que haga no los voy a superar, pero que me ayudan a superarme a mí misma.

Desde que era muy pequeña y hasta ahora nunca me ha gustado competir. Esa sensación de tener alguien pisándome los talones nunca me ha resultado agradable. Entiendo que ese tipo de adrenalina llega a ser muy placentera para algunos, incluso una adicción, sin embargo, para mí siempre ha sido desagradable porque la experimento como un estrés parecido al que se siente ante un peligro inminente. Me siento perseguida y arrinconada. No me gusta hacer las cosas pensando en que alguien me persigue. Me resulta insano.

Desde luego que es imposible no tener este tipo de visión competitiva en muchas circunstancias de la vida, y seguramente en algunas es necesario. Sin embargo, la competencia codo a codo siempre me ha causado mucha mala vibra. Siempre la evito y cuando por alguna razón es inevitable trato de enfocarme en mí, en lo que estoy haciendo sin pensar en lo demás, porque de lo contrario me enfermo mentalmente y no puedo hacer nada; al competir sufro una especie de bloqueo que me inmoviliza. Eso me pasaba siempre, por ejemplo, cuando jugaba a "la traes" en la escuela, terminaba por dejar que me atraparan, porque no podía seguir corriendo con la idea de tener que hacerlo más rápido que alguien para que no me apresara, no soportaba ese estrés, así que ni siquiera me esforzaba en escapar.

Nunca voy a competir en un deporte, eso lo tengo bien claro. No voy a ser medallista ni nada de eso. Solo aspiro a hacer las cosas bien y disfrutarlas, solo quiero dejarme atrapar por ellas y sentirme feliz al realizarlas. Al correr lo he logrado. En natación sé que también así será.

●

Ayer estuve todo el día evitando sentarme a escribir en lo que he estado trabajando últimamente; cuando por fin lo logré, después de unos cuantos párrafos, comencé a llorar. A veces escribir me duele muchísimo, porque es ahí cuando me encuentro conmigo en mis formas más puras. Incluso me costó dormir; mi cabeza seguía reescribiéndose. Hoy, luego de unos 600 metros de nadar de crol, me pidieron lo que temía: hacerlo de dorso. Pese a que me aterró siempre esa manera, esta tarde algo en mí dijo "sí puedo", y decidí confiar en ello. Casi sin pensarlo me arrojé sobre el agua y comencé a patalear para mantener el equilibrio y la calma. La respiración fue fundamental, pero sobre todo la vista. Me concentré en ver las lámparas en el techo, sintiendo que por más que me esforzara no lograba dejarlas atrás. Sin embargo, pese a que parecía imposible, llegué al otro lado de la alberca. ¡Lo logré! Tres vueltas más así y salí del lugar radiante. Mientras descendía la colina que lleva a mi casa, en el carro me parecía escuchar trompetas en mi honor. Saqué un brazo por la ventana y me dejé llevar por el viento. ¡Qué fácil a veces es volar y qué cerca están algunos días las nubes de mis manos! Al llegar a casa lo primero que hice fue encender la computadora y empezar a escribir. Ayer la escritura fue un desgarre, hoy la luz que atraviesa mi cuerpo.

Hace siete años empecé a correr. Lo hice porque vivía sola en una ciudad en la que conocía a muy poca gente y un día me sentí tan triste que salí al parque y comencé correr. Recuerdo que me decidí solo a correr veinte minutos, pero cuando cumplí con ese tiempo quería seguir y seguir. Cuando por fin me detuve, comencé a llorar. Fue una catarsis que me pareció una locura porque me era desconocida.

Mi rendimiento corriendo no ha sido el óptimo, porque aparte de todo no me gusta competir, al menos no contra los demás, sino que siempre trato de superarme a mí misma. Lo más que he llegado a correr han sido quince kilómetros en poco más de una hora, de los que estoy muy orgullosa, pero es evidente que no soy la mejor atleta. Lo que sí soy es una persona persistente. La cosa es que al correr reconocí la importancia de la respiración, de hacerlo con ritmo, de administrar cada inhalación y exhalación para lograr el cometido.

En las actividades de larga duración una tiene que administrarse, siempre, de lo contrario se queda a medio camino irremediablemente.

En la natación es un poco diferente. Mientras que al correr se inhala por la nariz y exhala por la boca, bajo el agua es el procedimiento inverso. Cambiar esa dinámica fue difícil de entender en mi cabeza, además de que esto se tiene que combinar con los movimientos de las piernas y los brazos, a la par de tener la cabeza alineada con el resto del cuerpo.

Nadar es un ejercicio de mucha coordinación, en la que la respiración juega un papel crucial, pues, en lo personal, al correr entendí que justo el hecho de respirar profunda y pausadamente era lo que lograba el efecto adictivo en mí. Es bien sabido que muchas personas que fuman, en el fondo, lo que necesitan es respirar y el hábito del cigarro en la boca es solo una prótesis para hacerlo. En ese sentido, hay quienes corremos o realizamos cualquier otra actividad deportiva para eso. El yoga particularmente se usa para aprender a respirar, y esto es lo que realmente da alivio al cuerpo y le ayuda a estirarse mejor y lograr todas las asanas.

Respirar es una relación invisible que mantenemos con nuestro entorno. Al inhalar y exhalar aprehendemos y soltamos la vida vegetal, animal y humana que nos circunda, pues compartimos con ellos el aire o el agua y todas sus moléculas. De esta forma mantenemos una correspondencia, aunque poco apreciada, con el mundo externo, pero que es una de las más equitativas, si no es que la única, que podríamos ahora encontrar. En ella hay un intercambio ecuánime de elementos vitales; nadie da ni quita de más. Cada ser viviente coge de la materia respirable lo que le es necesario y suelta para los demás lo que no.

Haruki Murakami, en *De qué hablo cuando hablo de correr*, explica que, para él, las características más importantes que debe tener un novelista son, además del talento, la capacidad de concentración y la constancia, y lo compara con la respiración:

> *Si la concentración consistiera simplemente en contener profundamente la respiración, la constancia consistiría en aprender el truco para ser capaz de ir respirando, lenta y silenciosamente, al tiempo que se contiene la respiración. Si no hay equilibrio entre esos dos factores, inspiración y espiración, resulta muy difícil poder dedicarse profesionalmente a escribir novelas durante muchos años. Hay que ser capaz de seguir respirando mientras se contiene la respiración.*

Pero para nadar la respiración tiene otro mecanismo. Se inhala lo que se cree que será suficiente para dar entre cuatro y seis brazadas, luego se saca ligeramente la cabeza, de hecho, queda un ojo adentro y otro afuera del agua, para apenas jalar lo que pareciera un suspiro, en el que va la vida contenida en forma de burbujas. He escuchado el sonido de mi respiración al correr como una flecha recién lanzada hacia el horizonte, mientras que abajo del agua es un murmullo de flauta.

Desde luego que también se requiere concentración y constancia para lograr este ejercicio respiratorio, de lo contrario se pierde el ritmo entre piernas, brazos y cabeza, y eso puede resultar en un fiasco terrible que nos lleve a tomar agua, que no solo es agua, sino un caldo en el que todos hervimos.

En natación, la respiración es una técnica que no fácilmente se aprende. Curiosamente, fue lo primero que aprendí, puesto que, al no poder flotar, lo que siempre me ponían a hacer era *bucitos*, es decir, sumergirme y sacar el aire por la nariz. Yo era como una trompetista que soltaba tonadas burbujeantes bajo el agua…

Una vez que pude soltar mi miedo al vital líquido, el reto fue poder lanzarme sobre la sábana lustrosa y coordinar los brazos, las piernas y la cabeza para poder salir a tomar un poco de aire. Descubrí que esto tiene un ritmo particular, que es como bailar un vals cadencioso, que el compás del un dos, un dos, un dos característico de este baile no se puede romper, aun cuando el ritmo se hace más largo a veces: un dos tres cuatro, un dos tres cuatro… un dos tres cuatro cinco seis, un dos tres cuatro cinco seis.

Y comprendí que, a lo propuesto por Murakami para escribir, yo le podría agregar justamente esto, el ritmo. Sin este nos lanzamos sobre la hoja como sobre el agua e intentamos sobrevivir; con este, danzamos armoniosamente sobre notas, sobre acordes y una misma se convierte en nota y acorde… el ritmo es todo tiempo, y en ese sentido, el arte consiste en hallar el propio. En esa búsqueda, respirar pausadamente resulta de mucha ayuda.

He escrito narrativa y poesía, pero para mí el ensayo es una manera de respirar, en este encuentro un flujo de aire adictivo. Es un refugio en el que me encuentro constantemente conmigo misma. En el que puedo ser libre y eso me resulta embriagador.

MEDALLA DE ORO

De la piscina de la alberca olímpica universitaria de Baltimore, cada mañana, a las seis, él sale mojado; su cuerpo está frío y tembloroso, su barba escurre. Se sienta unos segundos en una banca que está a la orilla, a un lado de su toalla, donde se quita la gorra y los goggles, los coloca cuidadosamente sobre la superficie de madera. Se pasa las manos por la cara, como si quisiera exprimirla. Abre los ojos y ve hacia al frente. Me acerco, me siento a su lado. Yo estoy completamente seca, pero su humedad se me trepa a las piernas, al pecho, a los brazos. Me siento empapada. Sin verme comienza a hablar:

Encontré el consuelo en la alberca. Me metí desde que era muy pequeño sin saber bien a bien por qué. El psicólogo quizá diga que fue en un intento por volver al útero materno. Yo creo que también fue porque se sentía cierta libertad aquí, adentro, flotando, sin pertenecer a nada ni a nadie, ni siquiera a mí.

El coach dijo que podíamos entrenar, que tenía capacidad, y yo que amaba estar aquí, y que no tenía nada que perder, dije que sí. No tenía ganas de estar en casa, no tenía muchos amigos, ni novia, no amaba particularmente la escuela, de hecho, mis calificaciones no eran las mejores porque me costaba concentrarme o sentirme del todo bien en el aula.

Me entregué a este deporte como si fuera lo único en la Tierra que fuera para mí. Me encontré ahí, no tan solo: estaba el coach, siempre dispuesto a ayudarme, a apoyarme. Y estaba también el agua, en la que me mecía sin esfuerzo. Quería estar todo el día ahí.

Para nadar se requiere de mucha concentración y coordinación, por eso no se admiten otros pensamientos más que el aquí y ahora, el momento en el que se está viviendo para poder ser conscientes de cada uno los movimientos y llevarlos a la perfección. No es posible nadar pensando en que mamá está triste en su recámara, en que papá tiene otra familia, en que tengo hambre y no hay nada en el refrigerador o que quizá todos muramos mañana en un accidente automovilístico. No se puede pensar en todo eso si se quiere rendir en un buen entrenamiento. Hay que estar solos, concentrados, sin pensamientos buenos o malos.

Solamente se es uno con el agua, uno con su cuerpo, se es el cuerpo acuático y ya. Este ha sido mi refugio, mi lugar para no pensar en otra cosa que no sea nadar. Y siempre uno va a preferir no pensar, porque pensar llevar a sentir, y uno a veces lo que menos quiere es sentir. Porque se puede sentir el agua, la flotación, la respiración y los músculos tensos, pero no adentro, no un fuego de agua, no el llanto que inflama el pecho y quiere salir por cualquier orificio de la cara como si fuera una regadera. No, eso no.

La gente piensa que basta con tener una buena disciplina para lograr lo que se desee. Pero no solo es eso, sino también sacrificarse. Hay que dejar de hacer muchas cosas y hacer cosas cuando no hay ganas de hacerlas; eso es lo que separa a los buenos de los grandes. Si yo le preguntara a cualquier persona si quiere levantarse de su cama y hacer su trabajo todos los días, quien levantara la mano estaría mintiendo, quizá se querría sentir especial sobre los demás, o quizás es tan ingenuo que cree que realmente ama incondicionalmente lo que hace. A veces nuestra pasión por determinada actividad se convierte en un fastidio. A veces hay que odiar lo que se hace y seguir haciéndolo.

Hice todos los sacrificios que requirió mi oficio porque quería ser el mejor, lo reconozco, pero también soy un ser humano normal, pues ni con todos esos esfuerzos me han salido branquias en el cuello. He logrado algunas cosas porque he trabajado duro para eso, porque fui dedicado, pero sobre todo porque me sacrifiqué. Muchos dirán que solo basta con trabajar duro para lograrlo, que hay que desear algo tan fuerte para que eso no te haga flaquear en los momentos de mayor exigencia. Pero no es solo eso. Se necesitan muchos sacrificios. He sido el mártir de mi pasión, porque no hay equilibrio posible cuando se desea algo tan grande. Se tiene que dar todo, es decir, la vida, es decir, el mayor sacrificio. Es una especie de muerte, por eso son tan pocos los que logran lo que yo logré, porque no todos están dispuestos a estar sobre la mesa de sacrificio. Hay que morir para llegar allá, al Olimpo, no hay otra vía, hay que matarse.

Competir no siempre tiene que ver con disfrutar, pero uno no siempre lo distingue. En mi vida pasé el tiempo literalmente entre una competición y otra, de un viaje a otro, de un evento a otro, de una medalla a otra, de un récord a otro, muchas veces sin que yo me impusiera esto, sino que, de repente, ya la competencia era dueña de mí. Entre viaje y viaje estuve más atento a las indicaciones del entrenador, a la obediencia de lo que tenía que hacer, al estudio de mi cuerpo, al control del estrés, de los nervios de observar el paisaje, de gozar de cada ciudad en la que caminaba, de ver los ojos de los otros nadadores. Realmente era un pez en el agua, pues no era consciente de toda el agua que me rodeaba, no sabía que estaba adentro de un tanque tan grande y tan perfecto.

Apenas he comenzado a verme en retrospectiva; hace muy poco vi mi vida desde afuera, como si se tratara de otra persona, y me vi como un hombre al que valía la pena haber dejado dormir un poco más algunos días, pero también sé que no era un hombre al que valía la pena conocer... no tenía mucho de qué hablar, qué decir, de qué hacer reír a otra persona; era solitario y triste, era una máquina bajo el agua, era un pez o un tiburón en la tierra, Ya no pertenecía a este mundo. Pero tampoco al acuático.

Un día, hace poco, me puse a ver las medallas, y traté de recordar cada una, cada día, de ver la expresión de felicidad en mi cara cuando por primera vez gané una... es extraño, pero lo recuerdo vagamente. Recuerdo más la amargura de no mejorar mis tiempos en los entrenamientos y de la exigencia cada día por hacerlo mejor. Ojalá el día que gané esa primera medalla me hubiera esforzado por mantener el recuerdo bien guardado en la memoria, ojalá me hubiera dicho: "no te olvides de esto, porque esto es por lo que has hecho todo, guarda esta sensación y que te salve de lo que viene". Ojalá me hubiera dicho: "nunca olvides que sentiste que eres feliz, quizá por primera vez por tu propia cuenta", ojalá me hubiera obligado a recordar la sensación de alegría, los músculos estirados en esa sonrisa, el círculo brillante en mis manos, su peso, su color, mis pies sobre el estrado, el corazón latiendo como pez convulso en el pecho.

He visto muchas fotografías mías recibiendo medallas, en todas sonrío, parezco satisfecho. Muchas de esas ocasiones, pensaba más en lo que había logrado que en lo que realmente estaba sucediendo. Es una extraña paradoja, pero a veces el ser ganador se convierte más en un trabajo que en algo disfrutable. Muchos aman el éxito, la fama y la victoria porque la han sentido un par de veces en la vida, porque en esas contadas ocasiones la han saboreado como lo mejor que les ha sucedido. Entre las manos la pueden sentir frágil y efímera, por eso prolongan el momento del goce lo más que se puede. Hay gente que cierra los ojos y aún puede volver a sentir el deleite de haber ganado algo una vez en su vida muchos años atrás. Pero cuando ganar es una forma de vida, una costumbre o un trabajo arduo, no siempre se goza. A veces ni siquiera se es muy consciente de eso. Si me veo en una pantalla, en un video de alguna competencia y noto que lancé un chorro de agua con la boca después de una carrera, sé que en esa ocasión estuve satisfecho. No obstante, nunca recuerdo si estuve feliz.

Hubo un año en el que no quería saber nada acerca de natación. Solo quería volver a mi vida, a lo que yo creía que era mi vida. Estaba listo para retirarme. No obstante, no sabía qué iba a hacer, solo sabía que ya no quería seguir entrenando. Me encontraba realmente jodido. Pero al estar a solas conmigo mismo no supe muy bien qué hacer. La oscuridad de una casa a veces es más profunda que una piscina muy honda. Mucho más densa. Mucho más asfixiante. Entonces lo supe: mi vida era la natación. No había nada más. Intenté que hubiera otras cosas. Pero cuando uno se ha dedicado por completo a una actividad es muy difícil volver al presente sin todo aquello que ha ido acarreando. Lo único que hice fue descansar y estuve así durante más de un año, simplemente descansando, porque aparte del cansancio, no tenía nada más.

Pasé casi un mes con una depresión severa. Era algo que quizá siempre estuve evitando. Es decir, siempre sentí que había algo persiguiéndome, y por eso siempre me apuraba para llegar a la meta antes. Estiraba el cuerpo lo más posible para que eso no me alcanzara. Yo siempre le ganaba porque siempre estaba huyendo. Pero cuando uno se detiene un momento, cuando se cansa de huir, inevitablemente llega. Me atrapó y ahí me encontré con una parte de mí que no quería estar viva, que apenas si respiraba.

Hubiera dado lo que sea por no encontrar eso, pero es que ya no tenía nada que dar. Estaba agotadísimo, era imposible no llegar a ese punto, a ese lugar en el que la encontré. ¿Qué parte era? No estaba realmente en mi cuerpo. Quizá en el alma, quizá en la mente. Dolía y como no dolía en la carne ni en los huesos no sabía cómo sanarla. Quizá aún no ha sanado, sino que me he adaptado a que esté ahí. Creo que entre más conozco esta parte, mejor me comprendo.

Ahora sé que más que ganar medallas de oro, me gustaría salvar una vida al menos: la mía, la de esa parte que reconozco desahuciada. Hay que entender que está bien no estar bien, que hay recaídas y que eso seguirá ocurriendo. Pero también debo decir que si algo he aprendido en las competencias es que pese a todo se tiene que seguir luchando. He aprendido a comunicarme, porque antes solía adentrarme solo en las cavernas acuosas de mi mente, como si se tratase también de una competencia en la que siempre ganaba mi ansiedad. Ahora al menos puedo decir cómo me siento, lo que pienso, lo que quiero.

Después de ese tiempo decidí volver a la pileta. Ya tenía más de diez kilos de sobrepeso cuando entré en el agua y sentí que podía disfrutarlo. Y así como uno decide una cosa, luego decide otra, pensé ¿por qué no volver a competir? Y lo hice. Era mi última oportunidad de hacerlo. Esta vez fue diferente. Antes de retirarme tenía mucha reticencia de entrar en la piscina, mi motivación estaba por el suelo, pero esa vez fue diferente, sentía nuevamente la inocencia de un niño en el agua durante las vacaciones de verano.

Dentro del aire de vidrio

Dentro del agua que no moja
dentro del aire de vidrio
dentro del fuego lívido que corta como el grito

Xavier Villaurrutia

1.

El "Nocturno en que nada se oye" es uno de los poemas incluidos en el libro *Nocturnos*, de Xavier Villaurrutia, compuesto aproximadamente en 1933; en esta composición, el poeta, con un estilo entre surrealista y cubista, describe un paisaje en el que parece que el yo lírico muere sin morir.

La crítica dice que Villaurrutia siempre tuvo como tema central la muerte, que incluso cuando José Luis Martínez le preguntó: "¿Qué significación, más bien qué intención le daría usted a su libro *Nostalgia de la muerte*?", otro de sus libros emblemáticos, el poeta respondió: "En él aparecen dos temas que son capitalmente interesantes para mí: la muerte y la angustia. La angustia del hombre ante la nada, una angustia que da una peculiar serenidad". En ese sentido, gran parte de su obra y particularmente el nocturno mencionado evocan para mí la angustia y el miedo que he sentido al estar sumergida en el agua o, mejor dicho, el temor a la muerte.

El poema abre con el verso "En medio de un silencio desierto como la calle antes del crimen" con el que me encuentro yo misma parada a media alberca, sin poder asir una pared o un flotador. No refiere al desierto como paisaje bioclimático, sino como un lugar solitario en el que cualquier cosa puede ocurrir sin que nadie se entere, porque está inundado de silencio, lo cual se reafirma con el tercero y el cuarto versos: "en esta soledad sin paredes / al tiempo que huyeron los ángulos". El crimen que se intuye es el que el agua cometerá sobre y contra mí.

El segundo verso "sin respirar siquiera para que nada turbe mi muerte" implica, desde luego, una condición necesaria para poder estar abajo del agua, la contención de la respiración, y sugiere que al hacer esto, la mente puede relajarse y poco a poco dejar el miedo atrás.

El quinto verso "la tumba del lecho" es la húmeda cama en la que se supone cualquiera se puede acostar como una "estatua sin sangre", porque como se indica a continuación se sale de ahí en "en un momento tan lento" y "en un interminable descenso / sin brazos que tender / sin dedos para alcanzar la escala que cae de un piano invisible", pues con el miedo las falanges se tensan y dejan escapar entre sus grietas el agua, que es esa escala de piano invisible, esa delicada música de burbujas que se escurre sin que nada se pueda hacer.

En el décimo y el onceavo versos, el sujeto lírico se ha quedado "sin más que una mirada y una voz / que no recuerdan haber salido de ojos y labios" porque bajo el dominio de la fobia, ya no se sabe lo que es uno: "¿qué son labios? ¿qué son miradas que son labios?", ¿dónde está el arriba, el abajo, el cuerpo, el agua? Todo norte pierde su sur, y en medio de esa confusión: "Y mi voz ya no es mía / dentro del agua que no moja".

Los versos dieciséis, diecisiete y dieciocho son particularmente reveladores porque aun dentro de esta terrible confusión que se vive ante las sensaciones generadas por el miedo hay un lugar, un espacio más o menos definido: se está dentro del agua, del aire de vidrio, del fuego lívido:

> dentro del agua que no moja
> dentro del aire de vidrio
> dentro del fuego lívido que corta como el grito

Es significativo porque, aunque se pierden las nociones de la piel y uno no logra discernir el agua como algo aparte del cuerpo, sino como una intrusa que invade por todas partes, que posee, que penetra y sale al mismo tiempo, también hay un estado de congelamiento, que es ese aire de vidrio; es una condición de volatilidad y congelamiento, es decir, como si se volara dentro de una jaula de cristal. Es que nadar es lo más parecido a volar; somos como pequeños pájaros negros sobre el agua, suspendidos sobre esta cristalinidad, y aunque jaula, también es un espacio de libertad, para vivir o morir, para respirar o ahogarse. La dualidad siempre permitirá tomar decisiones que ante el miedo tenderán hacia lo oscuro, hacia adentro y hacia abajo, donde el abismo nos absorbe.

Dentro del aire de vidrio se es libre y cautivo, se está y no, se vuela y se cae interminablemente, se nada y se ahoga en la falta de aire. Esa tendencia hacia la muerte es el "fuego lívido que corta como el grito", es el vértigo que surge desde el estómago y sube por todo el tubo traqueo hasta salir exhalado como un chillido que apenas contiene en sí una bocanada de aire oloroso y putrefacto.

Cuando se está flotando sobre el agua hay un juego de espejos entre el iris del ojo, el goggle y el reflejo acuático, como Villaurrutia lo adjetiva, es "angustioso", porque en ese interminable laberinto de imágenes uno cree verse y reconocerse, pero esas imágenes, en tanto multiplicadas todas son falsas. ¿Lo son? Lo son y no. Porque dejan verse y sentirse como reales; nos muestran como somos y con las posibilidades de ser más o ser menos, o no ser. En este *juego angustioso de un espejo frente a otro* se reflexiona, porque no queda más que la fuga de la mente ante la dolorosa confrontación contra el miedo:

cae mi voz
y mi voz que madura
y mi voz quemadura
y mi bosque madura
y mi voz quema dura

El eco se multiplica en diversos sonidos, que se van desvaneciendo en diversas formas: olas, triángulos, ondas, olas triangulares hondas. Y ahí mismo cobra vida un oxímoron: si el agua entra al cuerpo por donde sale la voz, quema "como el hielo de vidrio / como el grito de hielo".

Si pongo atención "aquí en el caracol de la oreja" puedo escuchar con claridad "el latido de un mar en el que no sé nada / en el que no se nada". Pese a todo lo que he reflexionado, con todo lo que me ha costado llegar hasta este apartado sigo vacía, como un tubo por donde pasa el agua libre "porque he dejado pies y brazos en la orilla", soy un tubo, "siento caer fuera de mí la red de mis nervios" con cada hebra del flujo del agua, "mas huye todo como el pez que se da cuenta".

Si me detengo un instante, y cierro la boca, puedo sentir, como el sujeto lírico de Villaurrutia "el pulso de mis sienes / muda telegrafía a la que nadie responde", porque fue escrita con el pulso de la mano temblorosa que escarba en la barriga del líquido incoloro sin llegar al fondo, porque me ahogo justo en medio, donde "el sueño y la muerte nada tienen ya que decirse": Nada.

2.

Hubo una vez en que me harté. Dejé de ir a la alberca varios días y ya estaba haciéndome a la idea de no volver. Me dije "hasta aquí" y no busqué más explicaciones. Pero luego, un día, en pleno desayuno, mi papá me dijo que, como maestro, él sabe que todos aprenden a diferente ritmo, que hay algo llamado "chispa divina" que se enciende adentro de las personas cuando menos se lo esperan, que a él le tocó comprobar la existencia de esta cuando trataba de enseñar a niños a leer. De repente lo hacían y no era porque él realmente hubiera hecho mucho.

Me dijo que era un proceso similar al de parir, es decir, la mujer da a luz sin que el médico le diga cómo hacerlo, ella simplemente lo hace y el doctor está ahí solo para supervisar y guiar. Es decir, los niños ya saben leer, solo hay que esperar o alentar que esa chispa lectora encienda. En otras palabras, yo ya sé nadar, solo tengo que seguir tratando hasta que la chispa haga ignición en mí adentro del agua.

Al día siguiente volví a clases y curiosamente tuve un avance enorme. Pude flotar mucho más que nunca, y aunque el miedo aún estaba ahí, no dejé de pensar en la chispa divina que estaba encendida ya en mí, que ninguna marea podría apagarla. Los versos de Antonio Porchia me vinieron a la mente en ese momento: "antes de recorrer mi camino yo era mi camino". Antes de aprender a nadar yo ya sabía nadar y afuera del agua ese fuego sagrado jamás me hubiera consumido.

3.

Hace poco leí que el único planeta que tiene menor densidad que el agua es Saturno, por lo que si hubiera un océano muy grande en el que se le pudiera poner flotaría. Desde que supe este dato, a veces, mientras estoy parada viendo hacia el horizonte remoto de la sábana lustrosa en la que estoy sumergida cada día a las siete de la mañana, me imagino a Saturno flotando con sus cuatro anillos de hielo, polvo y piedras como perfectos salvavidas; inmóvil sobre el azul cerúleo y en el más espeso silencio.

Dado que no logro flotar y que esa es una de las principales condiciones para nadar, no me queda más que ver a Saturno como el dios redentor al que debo encomendarme para lograr tal hazaña. Y es que, aunque sé poco acerca del espacio y sus misterios, siempre me han apasionado las películas de astronautas… A veces, cuando voy a entrar al agua, mientras desciendo por la escalera, pienso que voy sumergiéndome en otro planeta; mi traje de licra y neopreno, mi gorro de látex y mis goggles son mi vestimenta para la exploración; la ingrávida sensación al estar ahí no me permite caminar con naturalidad, sino más bien ir casi flotando verticalmente.

4.

Dadas mis obvias dificultades para nadar, siempre me estanco un tiempo en cada etapa. Una vez que pude soltar los flotadores, pasé mucho tiempo avanzando a cuatro brazadas y luego me tenía que parar porque no lograba sacar la cabeza para tomar aire y continuar nadando. Luego, cuando logré esto, solamente llegaba hasta la mitad de la alberca exhausta, con los pulmones casi en la garganta.

El instructor me dijo que era un problema mental, que yo soy capaz de eso y más y blablablá, que siempre tenía que proponérmelo hasta lograrlo, me dijo que tenía que comenzar despacio y relajada, y que si una vez cerca de la meta quería aumentar velocidad lo hiciera; me dijo que ocurre una paradoja cuando se acelera cerca de la meta, porque por la ansiedad de llegar se tensan los hombros y al hacer esto el cuerpo se echa hacia atrás, lo cual produce un efecto extraño que hace retroceder, pero como se sigue pataleando y braceando, en realidad hay estancamiento y es mucho más difícil llegar.

Así que, un día, sin más ni más, me arrojé entre los miles de cabellos de Poseidón, despacio, sin prisa, sintiendo cada brazada, atenta a mi patada, cada vez más alargada, los pies completamente extendidos, al ritmo de un brazo tras otro acompañados de un leve giro del tronco, con la cabeza recta, paralela al piso por debajo del agua, soltando el aire lentamente, saliendo a tomarlo cada cuatro o cinco brazadas; atenta a cada movimiento, consciente de cada detalle, pero sin preocuparme demasiado por hacerlo perfecto. Porque nadar es como pilotear una nave; hay que saber cuál palanca usar y en qué momento; el cuerpo es un complejo barco que una aprende a manejar con sumo cuidado.

Cuando menos me di cuenta ya había pasado de la mitad de la alberca, y algo en mí tuvo duda de seguir, pero me controlé; por segundos sentí el impulso de acelerar la patada y la brazada, pero supe que eso podría ser contraproducente, así que mantuve el ritmo por unos diez metros más. Los últimos cinco metros los terminé saliendo a respirar casi con cada brazada. Pero lo logré. Llegué al otro lado sin detenerme. Esa fue mi meta desde que inicié las clases y finalmente lo hice. Comprobé que para llegar hasta el final hay que relajarse…

5.

"Contrólate, Citlaly", me digo a media alberca, tratando de calmar mi miedo al agua. "Citlaly", como me llaman en las cosas serias: documentos oficiales, trabajos, regaños. Así me dicen mis padres, mis jefes o la gente con la que no suelo convivir. ¡Carajo, yo también me regaño con mi nombre completo! Sigo soltando el aire por la nariz, despacio, a unos quince metros de la orilla. "Ánimo, Cit", me digo y mágicamente cambia el tono en el que me hablo cuando cambio mi nombre al apócope, que más bien es mi hipocorístico, pues esta palabra se deriva del verbo griego ὑποκορίζεσθαι, *hypokorízesthai*, que literalmente se puede traducir como 'llamar cariñosamente'. Como resultado, logro brazadas más largas, patadas más firmes; llego a la meta agitada, pero con más seguridad. Dice Daniel Pennac que "aprender es, antes que nada, aprender a dominar tu cuerpo", y hoy descubrí que lo domino hablándole con cariño.

6.

Antes solo tenía miedo al agua, ahora también me da vergüenza estar en ella. Hay cosas que puedo hacer, pero en general sigo siendo torpe en las albercas y si volteo a mis costados o enfrente solo veo a gente nadando sin problema, fluidamente. Yo solo estorbo. Me avergüenza. He luchado y he ido lidiando con la fobia poco a poco. El proceso es largo y cansado y no es que en verdad yo lo quiera así, aunque muchos piensen eso. Creo que sí tengo una especie de incapacidad mental para nadar. La cosa es que a veces me frustro mucho y entonces solo pienso en dejarlo.

Hoy fue uno de esos días. Me sentí particularmente torpe y, aunado a que volví súper morena de vacaciones y sentía que todos me veían, me sentí exhausta. Sin embargo, mientras flotaba y veía los mil deditos iridiscentes del sol entre el agua meciéndose melancólicamente, recordé que el otro día en la playa entré al mar con un amigo, y cuando por fin me calmé pude observar el horizonte y la terrible inmensidad del agua, salvaje y libre; sentí el mar batiéndose contra mi cuerpo, horrible y hermoso a la vez. Mi amigo me dijo que así es todo en la vida y, aunque suena muy sencillo, en realidad es algo muy difícil de aceptar. Como es difícil aceptarme con todas mis incapacidades y las vergüenzas que esas me causan: las que tengo para ser la escritora que quiero ser o las que he desarrollado en las relaciones amorosas después de muchos traumas.

No obstante, me di cuenta de que estas me han ayudado también a exigir cada vez más de mí. Me reconfortó reconocer esto. A final de cuentas, la verdadera competencia para lograr una meta es una misma y aunque siempre es tentador rendirse ¿qué nos vamos a decir?, ¿que el rival era más fuerte? La vergüenza se irá en algún momento, la satisfacción jamás. Creo que el problema es que tendemos a ver solo lo horrible o solo lo hermoso de una situación o circunstancia, pero yo quiero aprender a ver ambas cosas a la vez. Como con el mar.

7.

La patada de delfín nace abajo del pecho, casi donde termina el esternón, y se extiende hasta las uñas de los pies. Jalas con todas las fuerzas para que el cuerpo termine en una curva. Los dedos van en punta como una bailarina de ballet. Hay algo en el agua que te toma por la cintura cuando se practica esta técnica.

El agua se sube sobre el cuerpo y juntos son una misma línea ondulada, un mismo ritmo, un mismo fluido.

No estoy sola. Me muevo con el agua. Vamos juntos zigzagueando hacia adelante, hacia atrás, hacia arriba y abajo…

"Si tu cuerpo se mueve con brusquedad es porque lo estás haciendo mal. La natación es suave", dice el instructor. Y entonces entiendo que este es un baile de seda, en el que resbalo con delicadeza hacia un goce infinito.

8.

En casi año y medio de ir a clases a la alberca nunca vi el agua tranquila hasta el 20 de marzo del 2020. Estaba azul y en paz, como un gran vidrio que nadie debía romper.

Fui a la última clase antes de que iniciara la cuarentena por el COVID-19 en mi ciudad. Todos andábamos como si fuera el último día, nuestro o del agua. Nos deslizamos con calma, serenos, como si la tristeza fuera un recipiente de cristal delgado que lleváramos adentro. Los pocos que quedábamos ahí teníamos la cara larga y aguada, creo que un abrazo nos hubiera venido bien, pero era imposible.

Creo que ese día hicimos las paces mi miedo y yo. Nos vimos a la cara sobre el reflejo del agua y nos dijimos: amamos nadar. Secretamente hicimos el pacto de volver, de no olvidar lo aprendido.

Ese chapoteo diario que se escuchaba en el edificio, el que me estremecía cada mañana, no estaba. Y la aparente calma de las aguas nos recordó a todos lo terrible y efímero que es vivir.

Yo que siempre he tenido dificultades para flotar sin hacer ningún movimiento con el cuerpo, los últimos segundos que estuve en la alberca me mantuve sobre la superficie vidriosa en paz, como un virus que se deja arrastrar por algún flujo sanguíneo.

A veces, el aire ahoga más que el agua.

9.

Aprendí a nadar pese a todo el miedo que tenía. Lo hice porque me tuve paciencia, comprensión y amor para llevarme cada día de la mano hacia el interior de la alberca durante un año.

Aprendí que las paredes y los flotadores ya no son para mí. Me ayudaron en ciertos procesos de mi vida y ya terminaron su ciclo. No tengo más que aprender de ellos. Ya no tengo miedo de estar sola.

Adentro de la alberca hay nadadores, muchos, y aunque me hubiera gustado aprender con alguno a no ser una fracasada en el amor, a quien yo buscaba no estaba en los otros carriles.

El agua tiene por cualidad la reflexión, es decir, refleja y en ella fue que realmente me vi, en ese espejo nadé conmigo misma, que es con la única que tenía que hacerlo. Yo soy a quien tenía que amar. Yo soy el amor del que puedo hablar en mis escritos. Esa es la medalla que gané como nadadora.

Epílogo

¿Cómo se cierra un libro? Cuando eres el lector, basta con llegar al colofón. Pero al escribir el libro sigue abierto, a veces como una herida, a veces como una ventana. Me metí a la alberca del hotel en el que ahora me hospedo en mi visita a una ciudad en la que hace unas horas me han dado una mención honorífica por este ensayo sobre aprender a nadar. "Así cerraré el ciclo", pensé. Me sumergí ligera, pensando en que por fin había terminado. Cuando saqué la cabeza del agua me vi rodeada de un equipo de cachibol de maestras jubiladas de Ciudad de México, que al día siguiente competirían por la final. Creo que les di lástima porque iba sola y me invitaron una cerveza a su salud. Después llegaron unas niñas gimnastas tapatías, participarían más tarde en una copa. Sus padres me contaron las maravillosas historias de triunfo, mientras las niñas solo querían jugar a echarse clavados. Y ya más tarde, cuando las exitosas deportistas se fueron, llegó una familia, cuya hija, de unos seis años, resultó tenerle mucho miedo al agua y no soltaba del cuello a su papá, quien a su vez no soltaba su cerveza. Mientras yo intentaba relajarme, la pequeña solía gritar si un movimiento brusco del líquido la sorprendía. Recordé mi historia, mi terror al mortal manto lustroso... Y supe que aún hay mucho por decir al respecto, que la historia de los miedosos y fracasados como yo es tan fértil como el agua misma. No le dije ni una palabra a la niña, porque sé que ella encontrará su propio proceso, pero ella ahí, con su traje de baño rosa fosforescente, me dijo mucho. Este libro seguirá reescribiéndose.

Índice

Funámbulo Ediciones

Colección de poesía

Funámbulo
Evy P. Reiter

Dividir el desierto
Mikhail Carbajal

Un árbol pasa y duele como una estación vacía / Un albero passa e fa male come una stazione vuota
Dina Tunesi

Tristera
Fernando Trejo

La mujer de Vitruvia
Jessica Anaid

Colección de narrativa

Cuentos para noches de insomnio
Jorge López Landó y Mario Alcalá

Chicalotas: Reunión de Narradoras del Noreste
Marionn Zavala

Al final no queda nada
Emmanuel Montes

Uno es el número mínimo de personas para hacer un dueto
Mikhail Carbajal

Colección de ensayo

Dentro del aire de vidrio
Citlaly Aguilar

Dentro del aire de vidrio de Citlaly Aguilar se terminó de editar en octubre de 2024. Las tipografías utilizadas fueron Garamond y Times New Roman. El cuidado de la edición estuvo a cargo de la editorial y de la autora.

Lee, siente, comparte.

San Nicolás de los Garza, N.L., México.

Made in the USA
Middletown, DE
12 March 2025